思想文化经典丛书

印度哲学史略

汤用彤 著

中央编译出版社
CCTP Central Compilation & Translation Press

出版説明

中國近代史上，各種學術流派思潮錯落，紛呈并起，不僅成就了一批博曉古今、學貫中西的著名學者，還產生了一批具有深遠影響的學術著作。這些豐富的思想文化成果，極大推動了中西文化交流和本土文化繁榮興盛。為進一步推動對近代中國學術研究成果的傳承與保護，助力當代學術研究，特推出『思想文化經典叢書』。

『思想文化經典叢書』精選近代中國出版的文學、史學、哲學等方面的學術佳作，力求呈現著作之全貌，但受限于當時印制技術和書籍保存技術，能夠保存完整無損的作品寥寥無幾。為便于讀者閱讀，提升閱讀體驗，我們采用技術修復等手段盡可能恢復原書原貌，以降低字跡模糊、原書殘缺等對閱讀效果的影響。

出版前，我們進行了大量的資料收集整理工作，并廣泛征求學界意見，由于時間倉促，難免有不妥之處，敬請讀者批評指正。

二〇二一年九月

目次

印度哲學史略

湯用彤編

緒論

印度有史之初，其人民所禮之神，如普霜（日神之一），鄉亞（天神），是上天神；如因陀羅（雷雨神）華塔（風神之一）是氣象神；如須摩（原是草汁能醉用於祭神復神視之後遂衍為月神）阿耆尼（火神）是大地神。（此外有祖先神如閻摩是），蓋大都感於自然之象，起禳災祈福之心。所求非奢，所需甚簡。百姓樂生，乏深憂患，信巫覡，用桃符；重祠祀，崇吠陀。婆羅門教於焉託始。其道德雖留野蠻遺風，然神多嚴正，民知畏法。今讀其頌神歌辭，瞭然可睹。若哲人晚出，探宇宙之本，疑天神之妄。則哲特出，匪其常軌。是曰印度教化之第一時期。繼而民智漸增，舊教衰頹，僧侶敗度，迷信紛起，輪迴之說悲觀之教既張，而吠陀時代樂生之精神，遂至全改。於是祭祀之用，不在敬神造福，而在解脫滅苦。學理幾硏，苦行致力亦為前此所罕有。而小乘佛教，暨尼犍子，六師學說，則更指斥經典（吠陀），別立門戶，即如奧義書名為承婆羅門之正統，但其中高談玄理，吠陀諸神，地位蓋亦已大衰。是為印度教化之第二時期。自時厥後，各宗重智慧解脫，爭相辯難，學理益密。以是五頂雨衆，漸成一家之言，龍樹世親，又專宏大乘

印度 哲學史略 二

佛教，談量談理，則求因明。總御總持，則精瑜伽。他若勝宗、順世、明論、聲論亦俱大成。雖其時婆羅門神教，並未中斷，六論諸派。降及近代，亦未全亡。然自阿輸迦至商羯羅，實為印度哲學極盛時代。商羯羅者，居此期末葉，吠檀多宗之大師也。印度論者，謂其智深言妙，遂滅佛法。實則其時釋氏尊宿零落，僧伽染異教之頹風。後且受回紇之摧殘，遂至大法東移，漸成絕響。婆羅門之勢，乃再盛耳。佛陀以來，早有濾吠陀之餘燼，而崇拜諸天（謂梵天等如獸主外道是也）者，約至世親以後，此風大盛。後遂演生所謂印度教。此則印度教化已自第三時期，而入第四時期矣。印度教者，宗派複雜，惟大要尊禮三身，謂梵天韋紐天及尸婆天。尊後二者之徒黨尤盛。其教外藉數論，或吠檀多之說，內實不重智慧，而篤信神之威權，故常盲從，不用理解。主感情，薄理性，大類基督教之所謂信仰。此乃逐時風而漸變，是為篤信說。承繼瑜珈密教大盛。悉檀記字，因字字而達心性之源；身分焦膈，因部部而合天地分位。如翕 Am 聲於神，為尸婆。於身為前額。郎 Lam 聲於祇為大地，於身為頸骨。其持頌之繁瑣，不能備舉。是為祕呪說。等而下之，更有精力說。精力者，為溼婆天等之妻，用以代表天之精力。印度教學理大都雜採六論學說，附會而成宗義。殊少新說也。加以回教侵入，混和失眞，（有名之混合教名塞克），遂成印度教化之最近時期。迨於現代志士疊出。一方頗受歐西之教化，然仍多有欲改進舊風，復興舊教　如佛教之研究，即其一端。此即印度教化，又將另闢一新紀元也。

復次依地晉之，印度文化雖非全出乎雅利安人，然究以之為主幹。雅利安人早居五河，勢力南漸。估有印度河流域，（其民族由此得名），其足跡恐罕能及馬魯斯塔拉沙漠以東，而兩海（阿拉伯海及孟加拉灣）則黎俱吠陀似未聞知。及至梵書時代，勢力逐移恆河上游。包括「中國」區域。約即佛陀行化之地。其文化之中心，如婆那拉西，如舍衛城，如毗舍離，如巴塔里甫多羅，而在印度河之塔克施拉，則亦以學術著（尤長醫學）。然當其時婆羅門勢力，約仍在西方。而沙門外道，則瀰漫於恆河中流。降至阿育王之後，婆羅門諸宗，盛於東方。而優禪尼國，爲法相佛教發祥之地。一切有毗婆沙師，則勢力更被其西。至若般若之興，則恐有關於南印度。再後尸婆與韋紐之密教，則起自南印度，北趨而爲印土之主要宗教焉。

印度學說宗派極雜。然其要義，其問題，約有共同之事三。一曰業報輪迴，二曰解脫之道；三曰人我問題。

業報輪迴之說，各宗所同信。（除順世外道等），然未見於黎俱吠陀。論者遂謂是義，乃雅利安人得之土著。但輪迴有二要義，一爲身死而靈不滅，二爲懲惡勸善，顏夭跖壽，均在來生受報。此二義黎俱吠陀中俱已有之。故亦可謂輪迴之說，係循雅利安人思想進化之順序，匪由外鑠。夫因業報而定輪迴。輪迴則不能脫離生死苦海。有生則死，有欲生之心，則萬障俱張。則不能常樂我淨。故出世之說興焉。此其影響一也。泰古之人，以罪惡爲塵垢，（阿闥婆吠陀有洗罪之說），即耆那教，亦以業爲補特迦羅。（物質），若勝數諸論，則謂業爲勢用，而業之種類（黑白等）。期限（有盡無盡等）。亦爲冥想之資。此其影響二也。印度宗派辯論何爲真我。因有析知識行爲享受，與知者作者受者爲二事。遂生何物輪迴之研討。蓋僅有神我輪迴，則人受生後必恆有知者等。知識等必遂無根據。且數論等，謂神我是常無縛無脫實不輪迴。故輪迴者，恆於神我之外，別立身體（物質）知識（精神）之原素。即如數論之輪迴者，爲細身。（一）細身人相具足受生後爲身體之原素。（此種變遷名曰相生）。（二）細身爲有（猶言心理狀態業緣屬之）薰習。乃成人心理之原素。(此種變遷名曰覺生)。神我之於細身，絕爲二物。細身輪迴，而神我固仍超出生死也。吠檀多亦信眞我是常，以知者與知識對立。故亦有細身說。(稍與數論異)。惟佛教立無我義。人生輪迴遂徒依業報因果之律。念念相續，無輪迴之身。蓋佛陀深信一切無常，其輪迴一義以無常爲骨幹，則實能知輪迴說之精義者也。此其影響三也。

從無始來人依業轉。脫離苦海自爲急義。解脫之旨雖同，而其方不一。曰戒律，自持嚴整淸心寡慾，因欲望爲煩惱之源也。戒律之極，曰苦行毀身練志，苅盡貪癡，自沙門之無量苦身法。至近世之三杖塗灰皆是也。曰禪定修證之方，在外爲苦行，在內爲禪定。屏絕世慮，心注一處。自證本源，以達不可思議之境界，曰智慧。印度智慧，絕非西洋之所謂理智，乃修證禪定之所得。人生煩惱根本無明。智慧爲其對治。各宗多主智慧解脫。戒律禪定終的均在得智慧，以其斷惑滅苦也。曰信仰。篤信神權，依之解脫。或因祭祀，(此指印度教祭祀)，或用密咒，希圖往生極樂世界。(他若神權治病求福等則目的非在解脫)，凡此五者，皆解脫之方。惟見仁見智，意見紛歧，曷能枚舉，茲之所言，粗及其略，未能一槪論也。

自我一名在梵爲我(atman)或神我(Purusa)或命(jiva)均指不變，是常之主宰。頗似世俗靈魂之說。夫有鬼論初民同信，而印人學理中眞我之搜求，實甚於俗人鬼魂之說。眞我是常，亦有藉於靈魂不死之見。俗人對於靈魂無確定之觀念，故學術界討論何謂靈魂之疑問甚烈。如長阿含經之第十七布吒婆樓與如來爭辯。何謂靈魂。而梵網經(長阿含譯梵動)中歷敍關於神我諸計，或謂我是色，(猶言物質)，四大所造，乳食長成。或謂我是無色(非物質)爲想(猶言知識)所造，或謂我亦非想等，係發知識行爲。或享受之本。(故有我爲知者作者受者諸名)

而非知識行爲或享受所構成，（如數論謂我爲知者而一切知識則屬於覺我慢等），異執羣出，不克備舉。再者宇宙與人我之關係爲哲學之一大問題。在印度諸宗，咸以解脫人生爲的。宇宙實一大我。眞我眞如。原本非異。故其硏究尤亟。吠檀多謂大梵卽神我。梵我以外，一切空幻。梵我永存。無名無著。智者知此卽是解脫。僧佉，以自性神我對立。神我獨存，無縛無脫。常人多惑，誤認自性。滅苦之方，先在欲知。欲知者智慧之初步也。以及戒律，苦行，禪定，祠祀，要其旨歸。皆不出使神我得超越苦海，靜寂獨存，達最正果也。

夫目的旣在離生死苦，超越輪迴，以謀自我之解脫。故談理所以得究竟，智慧有待於修證。印度諸見，（原音達生那，如印人馬達伐之攝一切見集，實爲一部哲學史，今不曰印度諸見史而仍曰哲學史者，因舊譯佛經「見」字單指邪見也。）非西洋之所謂哲學。亦非其所謂宗教也。據今人常論治印度學說，有二難焉。國情不同，民性各別，了解已甚艱，傳譯尤匪易。固有名辭（或西洋哲學譯名）多不適用，且每易援引泰西哲學妄相比附，遂更殽亂失眞，其難一也。學說演化，授受複雜，欲窺全豹，須熟知一宗變遷之史蹟，更當瞭然各宗相互之關係。而印度以通史言，則如紀事詩已難悉成於何時。以學說言，則如佛教數論實未能定其先後，其難二也。而著者未習譯事，見聞淺陋，生罹百憂，學殖荒蕪，曷足語此。惟念中印關係，近年復漸密切，天竺文化國人又多所留意。惟因歷年來曾就所知，摭拾中印所傳之資料　汲取外人近日之硏究，有文若干篇，起自上古，訖於商羯羅，今復刪益成十二章，勉取付印，或可暫爲初學者之一助。至若佛法典籍浩繁，縛與我國學術有特殊之關係，應別成一書，本編中遂只梢涉及未敢多論焉。

印度哲學史略

六

第一章　黎俱吠陀及阿闥婆吠陀

印度最古典籍首推黎俱吠陀。其所載多爲雅利安民族頌神歌曲。雅利安種來自北方。（地點舊說指爲帕米耳近則指爲中亞或南俄而又復有改爲奧匈捷克國境），其入居印度五河流域，似在四千至五千年之中。自時厥後，種族繁殖，勢力漸達五印全境。顧亦頗受原有土著民族之影響，但不知始於何時。（說者有謂黎俱吠陀思想亦受土著影響，然少可攷見。），思想變遷衍爲一特殊文化。印度一語，非指政治之一統，而代表一種文化。如希臘一字代表特殊精神，固亦非指純一民族，或統一國家也。

吠陀一字古譯爲明，於今義爲學。因其書漸受尊禮，而此字義卽爲聖典。印人之認爲聖典者初僅三集。（長阿含有三明經，其時阿闥婆一集，尚未立爲聖典。），黎俱最早，集一千又十七篇之歌頌，是曰頌明。娑摩吠陀義爲歌明。其中篇什幾全取自黎俱，依須摩祭祀以序次者也。夜殊吠陀爲祭祀最要典籍，是爲祠明。歌祠二明集成於黎俱之後。至若阿闥婆吠陀則雖晚成立，而其宗教則較黎俱卑陋。按之宗教演進程序，早期者多咒詛信魔鬼。其後乃有歌頌崇拜神祇。按阿闥婆之思想爲魔教，故較黎俱之神教爲尤古。亦有說者，謂黎俱代表上等人雅利安人之宗教，而阿闥婆則多下等人土著之思想。言之雖無可徵考，而理或然歟。茲分述黎俱及阿闥婆二吠陀之學說如次。

一

上述吠陀四集不僅爲古代印人所信崇。卽及降至近世，印人亦認其有最高威權。婆羅門人宗教信仰道德法律均謂以吠陀爲依歸。故學說之尊吠陀者爲正宗（如六論是）。而非吠陀者，則爲異教（如佛教是）。故研究印度思想不可不知吠陀，而以黎俱爲首要。

黎俱歌頌非一人所作，亦非一時所成。雖或有作於雅利安人入印土以前者。而按之其所用地名，則亦實有作於其後者。其時未有文字，全賴口傳。上古宗教與政治不分。而政治又多寄於家族。故黎俱歌頌，常分屬諸僧族。後人集之，分爲十卷，一千又一十七頌。雅利安人當時之情狀，於此可得其概略。人民畜牧而業農。民族卽政治團體。家族以父統治。國王多由世襲。是非邪正之辨，已深爲人民所信。而精神之修養，則尙未發達。故其宗教最上止於福善禍淫。下者則其崇拜等於貿易。神之喜怒以供養之厚薄爲斷。至若悲憫之懷，明心見性之說，則尙非所知。

黎俱吠陀諸神大抵取諸自然現象，加以人化。人化而有超乎自然之權力。不死而有家庭之關係，亦如人類然。諸神化成人之程度，亦至不一。水神（名婀婆斯有多數）爲女神，常指爲母，爲少妻，然亦謂飮之可增力（七之四、九之四）。曉神（名烏沙斯）雖擬爲艷麗女郎。然讀其歌頌，仍可了然其爲自然現象。此其故則似日常親近者，其人形化極難。其可震驚可敬畏，又非平日所習見者，化其人性較易。如須摩執弓御車。然因本爲植物之汁，常用於祭祀，故常呼爲甘汁。在黎俱卷七(二十六及二十七)謂一鷹自天取須摩與因陀羅。又阿耆尼(火神)因爲每日祭祀之要需，且散布各處，故實未全化人形，而在黎俱吠陀中終未脫火之自然性象也。

「須摩」一字原爲植物。阿耆尼則原義爲火。均用之作神名。而因陀羅雖爲雷雨所演化之神，但其字義則未詳，卽此亦可見其自原來自然現象脫化甚遠。蓋迅雷疾雨，其來也驟，百姓疑畏，神話滋生，因而完全人性化。因陀羅可謂爲黎俱吠陀最大之神。其父爲天神。(名第亞)，自母側而生。有頭，有臂，腹大充滿須摩。軀幹奇偉，儕大地十倍以上。手持雷杵，杵係鐵製。乘金色車作戰。與華由(風神之一)關係甚密，爲之御車。沈湎於須摩，而有須摩飲者之號。飲須摩可興奮加精力。因陀羅亦有百力之名。常與羣魔戰。魔者阿修羅羅刹之屬。有婆多羅者，旱災之魔也。頌中常呼爲蛇：常阻雨水，遮日光。因陀羅持杵與戰，羣神助之，俱敗北。但因陀羅後卒擊殺之，雨水得降，雲消日出。因陀羅又爲戰神，常助雅利安人征服土著之黑族 。(常呼爲達沙實Drasidion種)曾驅散黑人五萬，令雅利安人有其土地。因陀羅以威力勝，而行爲頗不端正。饕饕酗酒，殘暴弒其父。又與梵主爭。梵主者，僧人所敬仰之神也。

因陀羅以武力見尊。伐龍那(原似係蓋天所化成)則以執法爲人所敬。二者俱見於 Boghaz Koi 之刻文，則似均雅利安人入印度以前所已擁戴之神。因陀羅而外，伐龍那實最大。頌中言及其面，其目，其臂，其手足。曠矚衆生，其眼爲日。有多偵探，坐於其旁，觀察天地。其使者具金色翅(此指太陽)。自然及道德法律均爲伐龍那所維繫。天地因之奠定。日月星辰水火均依之運行。諸天受其指令。一切世間均爲其領土。伐龍那具一切智。鳥之翔空，舟之行海，風之達遠，彼均可知其所向。明察陰私，鑒人之誠僞，懲惡勸善，最爲人民所敬畏。正直之士，希於死後見伐龍那及閻摩天。與伐龍那常同見頌中，同受敬禮者，爲密多羅。在印度爲不甚重要之神，而在波斯宗教則爲大神。

黎俱吠陀尊祭三十三天。（天今譯爲神，三十三果何指實不可考，且黎俱中神亦不只此數），說者自分爲三類，天、地、氣象是矣。其天上之神有天神（名鄉亞），有伐龍那。有密多羅。日神之著者有三，曰蘇利亞（指太陽）、曰沙毘吹（指日能鼓舞生命動作之現象）、曰普葯（指日能生育之現象，尤有關於畜牧）。此外有烏沙斯女神，則爲曉神。而韋紐天者似亦原爲日神。（指太陽行動之現象），在黎俱吠陀並非重要，而在印度教則爲首要三神之一。又有騎神二（名阿什旻那）主救急難，爲天神之子，顯即希臘Dioskouroi（爲Zeus之子亦人之救星），而巴比倫諸國多有相似之神，證以Boghaz Koi之刻文，雅利安人在未四散遷移以前，即有此二神。至若氣象之神，有因陀羅。又有華塔，及華由皆風神也。有祿陀羅，此時亦非重要，在梵書經書，其威漸著，最後印度教尊奉梵與韋紐及尸婆三天。尸婆即祿陀羅所演化也。又有麻若諸神常與因陀羅偕戰勝毀多羅。地神則有阿耆尼（火神），有梵主（僧侶之神），而須摩亦屬之。

此外有陀什吹者，精於製造。因陀羅之杵，梵主之斧，諸天之飲器，均其所造。而人畜之在胎，亦經其工作。其女（名沙郎紐）與微華斯往婚，而生閻摩與閻獎。是爲人類之始祖。閻摩（其義爲雙故中譯佛經嘗稱爲雙王。）處於天之遠邊。（說者有謂爲日中），死爲其道，一人尋之。人死則由此道，至閻魔所居，見其先祖。閻魔常名爲王，而未明言爲神。且僅統治幸運之死者。懲罰罪惡之說，則後來所增益也。（閻魔王梵文爲閻魔羅遮，故中譯有稱閻魔羅）

雅利安人邇時所奉之神祇魔鬼，名類繁多，不克備錄。近世宗教學家謂神之崇拜類皆自多元而趨於一元。太古之人，信精靈妖鬼之實有，於是驅役靈鬼之方繁興。其驅使之力寄於人者謂之巫覡。託於物者，則如桃符。其於祭祀皆以其所持，求其所欲，實含商業性質。（凡具此性質之歌曲多見於阿闥婆吠陀，其編雖晚出，而思想有較黎俱吠陀尤古。）人之於神實立於對等或同等地位。顧鬼神即可用之害人，自亦可因之自害。由是而生恐懼，而生敬畏。人之於神漸不敢驅，而須求，不事威逼，而用祈禱，祭祀。供獻用以悅神，俾神可還贈，滿足其所希求。然交換贈受之外，祭祀亦有讖悔洗罪之功用。蓋人民程度漸高，福善禍淫遂亦為信仰之要素。黎俱吠陀之祀神，其根據不出此二功用。其時若因陀羅，好勇鬥狠，游樂飲宴，其性質固不高於人類也。印度初民或震於熱帶之暴雷疾雨，且使入印土征服土著，皆賴戰神。其威力因駕羣神之上。然伐龍那司世界之秩序，亦為雅利安人所最尊敬。印度太古吠陀宗教之性質，於此亦可見矣。

吠陀詩人忧於宇宙之奇，而震於自然之象，亦有所歌詠。尊崇往往不覺過當。因陀羅位固最上，而伐龍那[illegible]者凡亦常稱為無上。伐龍那固為大神，然亦言其遵從韋紐天。凡神於頌禱時常可推在第一位。此則雖尚非一神教，而究已離多神教之範圍。說者常號此為尊一神教，謂為多神教至一神中過渡之現象。但至黎俱吠陀晚期，一神之說漸興，而且另闢一元哲學之途徑（參見第十卷為晚出之頌），茲當詳論之。

宗教根本既在篤信神之威[illegible]，遂趨於保守，而進化甚緩。其初當人民幼稚時代，神之性質自以人為標準，故民衆尚鬥，而因陀羅之神尊。尊之[illegible]暴也。民俗貪飲，而須摩之草神，神其能醉也。其後文化增進，民德漸高。然宗教趨尚保守，神之性質，遂形卑下。此種現象，在黎俱吠陀中，已可索得形跡。如其卷十之一百十七篇，僅獎勸人為善，而毫未言及神，蓋似以神之德衰非

第一章
黎俱吠陀及阿闥婆吠陀
五

可憑準也。卷十之一百三十一篇爲頌信神之歌，論者謂當時蓋信仰漸弱，作者有爲而言。（如卷二之十二即謂因陀羅神之存在有否認之者），及至佛陀出世之時，對於吠陀宗教之懷疑者更多。神之墮落，其地位幾與人無殊。其後彌曼差學者，解說祭祀之有酬報，非由神力。數論頌釋力攻馬祠之妄。（見金七十論卷上），而非神之說（或稱無神 Atheism）不僅見於佛書，印度上古中古各派幾全有之。而早在黎俱吠陀末期，人民對於諸神之信仰既衰，而遂有一元宗教之趨向。論者謂埃及之一元趨勢，在合衆神爲一。猶太之一元宗教，始在驅他神于族外，繼在斥之爲烏有。而印度於此，則獨闢一徑，由哲理討論之漸興，玄想宇宙之起源，於是異計繁興，時（時間）方（空間）諸觀念，世主Prajapati大人Purusha諸神，吠陀詩人疊指之爲世界之原。蓋皆爲抽象觀念，非如吠陀大神悉自然界之現象，實爲哲理初步，而非舊日宗教之信仰也。此種變遷，顯著於初期奧義書中。奧義書者，旨在發明吠陀之哲理。而實則吠陀之宗教甚乏哲理之研討。諸書（奧義書有多種）所言係思想之新潮。顧宇宙起源之玄想，在黎俱吠陀中已有線索。其中雖無具體之宇宙構成學說。然其懷疑向難，已可測思想之所向。此諸詩作者，不信常人所奉諸神創造天地。而問日與夜孰先造出，世界爲何木（意猶謂何種物質，何種木質）所造。類此疑難，散見頗多，而以卷之一二一篇及一二九篇等至爲有名。其一二一篇曰，

太古之初，　金卵始起，　生而無兩，　萬物之主，
既定昊天，　又安大地，　吾人供養，　此是何神。（一）
俾吾生命，　加吾精力，　明神衆生，　咸、敬迪，
死喪長生，　俱由陰庇，　吾應供養，　此是何神。（二）

徒依己力，　自作世王，　凡有血氣，　眠者醒者，
凡人與獸，　彼永爲主，　吾應供養，　此是何神。（三）
神力莊嚴，　現彼雪山，　汪洋巨海，　與彼流淵，
巨腕遠揚，　現此廣莫，　吾應供養，　此是何神。（四）
大地星神，　孰奠麗之，　天上諸天，　孰維繫之，
茫茫寥廓，　孰合離之，　吾應供養，　此是何神。（五）
兩軍（指天地）對峙，　身心戰慄，　均賴神力，　視其意旨
日出東方，　照彼軀體，　吾應供養，　此是何神。（六）
汪洋巨水，　彌滿大荒，　蘊藏金卵，　發生火光
諸神精魄，　於以從出，　吾應供養，　此是何神。（七）
依彼神力，　照矚此水，　蘊藏勢力，（指金卵）且奉犧牲
（指火光）維此上天，　諸天之天，　吾應供養；　此是何神。（八）
祈勿我毒，　地之創者，　明神正直，　亦創上蒼
並創諸水，　明潔巨偉，　吾應供養，　此是何神。（九）

（本篇共有十闋第十闋顯爲後人竄入故未譯）

懷疑思想之影響有三。夫人以有涯之生命，有限之能力，生無窮之慾望，受無盡之煩惱，於是不能不求解脫。印土出世之念最深，其所言所行，遂幾全以滅苦爲初因，解脫爲究竟。降及吠陀教衰，既神人救苦之信薄，遂智慧覺迷之事重。以此在希臘謂以求知而談哲理。在印度則以解

決人生而先探眞理。以此在西方宗教哲學析爲二科，在天竺則因理及教，依數說理。質言之實非宗教，非哲學。此其影響之大者一也。宇宙起源之說既興，而大梵一元之論漸定。大梵者非僅世之主宰，(如耶教之上帝)，亦爲世之本體。(西方此類學說名汎神主義)，其後吠檀多宗，以梵爲眞如，世間爲假立。此外法是幻之說也。僧佉以梵爲自性，世間爲現象，此轉變之說也。至若棄一元大梵，而立四大(或五大)極微，如勝論順世，則積聚之說也。至若佛教大乘我法皆空，蘊界悉假，則精於體用之說也。是脫多神之束縛，亦且突過一神(大梵說乃汎神論非一神論)之藩籬矣。此影響之大者二也。吠陀諸神勢力既墜。而人神之關係亦有變遷。由崇拜祭祀進而究問本源。吠檀多合人我大梵爲一。僧佉立自性神我爲二。勝論於五大之外，別有神我。諸宗對舊日所祈祝之因陀羅阿耆尼，均漠視之。此其影響之大者三也。

至若黎俱吠陀時代道德則以黎塔一義爲大本。黎塔者爲法爲秩序，充塞世界，神人之所遵守。此世界之規律若未施行於現在與人世，亦必須收效於將來之天上。顏夭跖壽必可均衡。此實後來業報之說之濫觴也。黎塔爲道德之標準，實萬事之眞諦。紛亂不得其平，反乎黎塔，則爲虛僞。守法規秩序，持久不捨，謂之善人。朝三暮四，毫無恆心者，則爲失德。道德之完者，既須親神，(須祈禱行祭禮)復當和衆。(慈善樂施爲美德)，魔術咒語，奸淫賭博，均所痛斥。苦行之說，雖已發見。而百姓類甚享天然之美，喜世間之宏大。人生此世甚爲樂觀，少憂鬱厭世之想。世謂印度爲悲觀國家，據此則最早亦非如此也。

方雅利安人侵入印度，爲戰勝之民族，威力想必隆盛。居此世間，予取予求，當少障礙。厭世之想罕能發生。夫人既欣樂此生，自無企圖於來世。故於死後之若何，不甚注意。其所望者，壽命可經百年。(第十卷之十八)，身後實地獄之說，則頌中言之而未詳。人之生命爲神所授與。死則軀殼歸於土。常人之魂恆附麗於近墓間。而善人之魂還居天上，在日落之處，閻魔之所居，見其祖先，清淨受福。惟逢家祀，亦來受享。子孫之福利，亦常不能去懷。惡人則身體深沈土中，其鬼魂被棄置極闇深淵。至若地獄之嚴酷，輪迴之可畏，當時雅利安人，似未夢及。

二

阿闥婆吠陀，非古也。而其教則必甚古。且其思想有早於黎俱吠陀者。全書間取黎俱讚頌，性質頗複雜。其天神亦殽亂，且進而信汎神論或萬有神教。又發現黎俱所未有之神及恐怖之地獄。讀其頌，幾全爲惡意善意之詛咒。用魔咒以求子嗣長生，以防毒物邪術厲疫惡鬼。而祭祀之重要，則置於神祇之上。黎俱吠陀雖亦用咒術，然以二者比較，其態度迥然不同。蓋黎俱多讚天。阿闥婆則多詛魔。一多歌頌。一多詛咒。一取天然之象(如天日雷風等)。一取無生之物(如木石等)。阿闥婆吠陀雖有因陀羅阿耆尼。然在黎俱則受畏敬且信其必降福田。在阿闥婆則恐怖而求不爲人害。徵諸世界宗教演進事實，多魔教在多神教之前。阿闥婆全書雖漸成於梵書時代，然必集泰古之所傳。說者曰黎俱爲雅利安人之宗教文學。阿闥婆傳土著蠻族之崇拜。雅利安僧侶(婆羅門)以戰勝之威，先集其祖宗之歌詩，依次集爲三吠陀。及後不惟不能剷除土人之文化，乃漸雜二種教化而成第四吠陀。此是雖史闕無可多證，然亦言之成理也。

第四吠陀，原名阿闥婆案吉利。阿闥婆與案吉利(爲火神名號之一)均火祠僧侶之名。其立爲

印度哲學史略　一〇

吠陀，當在奧義書及佛教出世以後。蓋阿含只有三明。而奧義書中多仍用阿闥婆案吉利之名。（唱徒集奧義書則稱爲阿闥婆吠陀）直至摩㝹法典，猶沿用此名。火爲祭祀所必需，爲「家族之主人」。故黎俱詩人已常稱之神人之使者，送祭品於天上者（因祭品如油如須摩均投入火中）。因陀羅伐龍那均言爲卽阿耆尼。諸神亦均卽阿耆尼。徵諸佛典，火祀最多。可見在佛陀以前，火神之勢漸盛。阿闥婆案吉利遂立爲第四吠陀。而魔術亦幾登上等宗教之席。佛典記載多可證此事。如長阿含卷十四有曰：

如餘沙門婆羅門，食他信施，行遮道（二字係直譯，遮道係謂橫行，橫行指畜生，引申之爲卑鄙，故遮道法者謂卑鄙之法也。）法。邪命自活，召喚鬼神，或復驅遣，種種厭禱無數方道，恐熱於人，能聚能散，能苦能樂，又能爲人安胎出衣，亦能咒人使作驢馬，亦能使人聾盲瘖瘂，現諸技術，叉手向日月，作諸苦行，以求利養。沙門瞿曇，無如是事。

如餘沙門婆羅門，食他信施，行遮道法。邪命自活，或爲人咒病，或誦惡術，或誦善咒。（中略）沙門瞿曇，無如此事。

如餘沙門婆羅門，食他信施，行遮道法。邪命自活，或咒水火，或爲鬼咒，或誦刹利咒，或誦鳥咒，或枝節咒，或安宅符咒，或火燒鼠嚙，能爲解咒，或誦知生死書，或誦夢書，或相手面。（中略）沙門瞿曇，無如此事。

魔術之教起於上古。上古初民微弱，對於病死之可畏，精靈之難防，視宇宙幾全爲魔鬼所充塞。疾病死亡暴風地震，均視爲不可知見之力所左右。驅避之方或爲咒語，或爲符草。咒語者以語音達其欲望，最平淡者在求患害之不至，或祈幸福之降臨。（如欲國王之祚永見十之十，十三）拜蛇之教其時最盛。故頌中避蛇之咒最多。如與敵爭鬥，或以祭祀求神相助，或以惡詛魔術中傷。符多用草木，恆向之詛，以資防護。至若懲婦之不貞，求女之相愛，疾病之治療，以至賭博之勝利，均為咒術之所常及也。

黎俱吠陀信多神者也。然其晚出之頌則有一神一元之說。(已如前說)阿闥婆書成於梵書以後，故主一神，而進為汎神或萬有神教。一神者以一神為主宰，而羣神隸焉。萬有神者一切萬有，均是此神。此神為宗教崇拜之目的且為哲理之一元本質也。阿闥婆崇拜迦拉(時間)迦摩(愛情)斯坎巴(意為依或可譯原質)。斯坎巴最上，為最高原理，亦為世主，為補樓沙，為梵，包羅時空。此外可證阿闥婆吠陀雖有晚時之信仰者，約有數事。

(一)在黎俱祭祀為悅神之具，而阿闥婆則視其地位高逾神祇，與梵書同(見後)。

(二)祿陀羅為畜類之主，其後演為印度教之尸婆天。尸婆(亦作濕婆)一字，義為吉祥，黎俱既未用為祿陀羅之名號，且言祿陀羅殘毀畜類。

(三)風(此從古譯，非風雨之風)者印度哲學說為自然界生命之源。數論吠檀多均言五風(見後)，此字始於第四吠陀

(四)黎俱諸神男女均有，而特重男神。阿闥婆則恰反是。其後印度教乃特重女性。印度教者多迷信，重咒語，歷史上二者當有密切之關聯也。

第一章 黎俱吠陀及阿闥婆吠陀

印度哲學史略

叙二

第二章　梵書及奥義書

婆羅門教根據吠陀。偏重祭祀。爲梵書之學說。約自三吠陀(黎俱、夜殊、娑摩)之完成直至釋迦出世，爲其隆盛之時。婆羅門教雖重吠陀。然娑摩夜殊，特重祭祀，故實最要。二者成於黎俱之後，而在梵書之前。梵書者名婆羅門那，爲吠陀之解釋。其着眼之點有二：一在釋聖經與祭祀之關連，一在釋其中之象徵。祭祀之專家，非只一派。故三吠陀恆具多家解釋。如黎俱娑摩各有二婆羅門那。而夜殊之梵書有三。(阿闥婆因成立較晚，幾可謂無梵書。)梵書之末類有森林書，謂深義密意須在森林寂靜中傳授。森林書之中，載奥義書。則純爲推闡哲理之書。世所謂吠陀之終的(Vedanta)是也。

茲章所述爲梵書之婆羅門教及奥義書之哲理，時間約當西曆紀元前一千年至六百年。即自三吠陀之完成至釋迦牟尼出世之時也。

一

自雅利安人侵入印土，被征服之土著流爲奴婢，不得參與吠陀教會，遂成爲第四階級。而在雅利安人中亦稍稍分為三級。蓋上古民族，內賴鬼神之團結，故祭祀有專司。外須作戰以禦異族，故武士為專職。其不司祭祀戰鬥者為工農，器用財賦於是取給。以是有僧侶帝王平民之劃分。迹其始意。並非階級。蓋階級者，最重婚律。其義在保持血統之清潔，故婚嫁必限同級。然索諸佛典。雖稱釁種德婆羅門，謂其「七世以來父母眞正不為他人所輕毀」，又謂「顏貌端正得梵（婆羅門）色（猶言種姓也）像（見長阿含卷十五）」。但種姓原義並非階級。其限制結婚，在乎種族，而不限於同級，且非婆羅門之各種族均可互婚。異種異色之結婚尤時有所聞。而所生之子，且可為武士或僧侶。迨階級之制盛，僧侶始不得為武士。帝王不得為僧侶。然在黎俱吠陀，帝王可為僧侶，牧童亦可為戰士。即遲至佛時，婆羅門不必為僧人，帝王種亦常作工匠，見於本生經中，並不必為閱者所奇也。

當時階級之制雖不嚴，然為僧侶者之權漸大。如記謂「天有二種。諸天是天。而精熟吠陀以教人之僧侶亦天也。」，彼等習於祭神之歌曲儀禮，他人則須營生業，作戰爭，無暇學驅使神鬼之術。而「聰慧婆羅門納諸天於其權力之下」矣。（上所引二語均見梵書中）故僧侶之通人必「異學三部。（謂三吠陀即三明）諷誦通利種種經書。（解釋吠陀諸書）盡能分別。世典（恐係祀天像故事等之書）幽微靡不綜練。又能善大人相法占候吉凶祭祀儀禮。」（見長阿含十五）

吠陀之中夜摩夜殊二者，側重祭祀。尤以夜殊為婆羅門教之初期典籍。故釋此之梵書更為詳備。最有名之百道梵書。Satapatha—brahmana屬焉。凡諸梵書，類詳載禮儀，佐以譬喻，所言殊瑣多無所謂。其中雖不乏獎勵道德，篤行敬禮，然終為罕見。概言之，則勢力實在婆羅門，而不寄於諸天之手。威福實在祭祀，而非得之神人。故梵書有謂諸神不死，乃由力行祭祀苦行而得者。(見百道梵書中)，而人獸之得不死亦同賴祭祀。如四吠陀中言。「我昔飯須摩味，故成不死，得入光天識見諸天。」，又於馬祠則有曰。「獸，汝父母及眷屬悉皆隨喜汝。汝今捨此身必得生天上。」(均見金七十論卷上。又參看百論疏卷五。)，祭祀之威權既若是之大。故舉行時須謹慎將事，一言一動及至發音之輕重，均有莫大之效果。稍亂其次第，則白晝必永為長夜。或四時十二月均失其常。梵書詳敍禮儀之進行，布置之末節。蓋以此也。

祭祀出自魔術，用術驅鬼必用咒語。祭祀求天亦賴歌曲。故通吠陀者，戰勝一切。「智有三。」黎俱吠陀，夜殊吠陀，娑摩吠陀是也。黎俱歌頌地也，夜殊空(空氣界)也，娑摩天也。人以各吠陀而戰勝地空天。」(見百道梵書)，梵書於祭事則謂之法。於祭理則謂之智。百道梵書中曰：「祭牛若東去，則祭者可得生善世。北去，則於人世聲名偉烈。西去，則多人民財穀。南去則死。」，如是乃「智之道」也。其智之粗拙如此。歌頌為祭祀之文。智論為祭祀之理。二者乃互相為用也。

祭祀之種類極繁。自帝王灌頂馬祠。(帝王為祭者，期甚長。蓋須放馬於野，任其所之，以卜當征服之地點何在。)，以至平民之火祠，(甚簡陋)，幾於無日無之。而人生之大事，禮節特重。據書傳所傳，祭祀為數二十一，列為三組。組各有七：一為油乳等之供獻，二為須摩之供獻，三為犧牲之供獻。然祭祀之數，實不止此。其時期常延至一年以上，參與者亦常至千萬。印人之所以特重祭祀。蓋以為天地之行，祭祀節目悉可與之相應。凡舉行正當之祭祀者，即可得自然界之威權。故祭者(謂求福之人，但任祭費，請僧人主持。故僧人不必即祭者。)如發願害某人當死，則其人立亡。質言之，此項學理，與所謂同情魔術者相同。如結草人，載某名姓生日咀之，某必殂。蓋亡人與生人相表裏，亦猶祭祀與天下事理之相應也。因是有象徵主義。祭用茅草以象天地，歌曲音韻以象人類。犧牲神龕無一不有所指，而神廟之方向亦含重大之意義焉。

祭祀之指有三。一曰供養。蓋犧牲者，神賴以生。祖先之靈，亦需飲食。故油汁須摩投傾爐火。而韋紐天傳曰，用祭祀而諸天之生得養。此則最初人民之遺傳。人之視神相去不遠。二曰贖罪。祭者恆陳犧牲使代受過。如梵書有曰：「嗚呼！犧牲，起歸汝之肢體於火。汝爲諸天祖父人類及吾輩所作罪洗滌。所有罪惡吾人於夢中醒時有意無意所作，均汝爲洗淨。」三曰求福。人神授與，意本無殊易。故人恆持供獻於諸天之前而說誓言：「給我，我乃給汝。授我，我乃受汝。」（見百道梵書），以其所供，求其所欲。所求愈大，所供愈豐。故婆羅門受巨額之金錢。牛羊犧牲，動以千百計。（參見長阿含究羅檀頭經），彼等受之恬不爲怪。乃又從而爲之辭。或謂施僧可得大福。如謂凡人施僧以千牛者，得盡有天上諸物。金七十論曰，馬祠說言，殺盡六百獸少三不具足。不得生天爲戲（指男女戲樂）等五事。其言亦同。或且歸諸神旨。言僧人受施，理所應然，則尤可鄙。如謂「祭祀之用有二。供獻諸天。給養諸僧。以供獻厭，足諸天神。以給養厭足諸人神。二神均足。則祭者可以直生天上」。黃金尤爲彼輩所欣悅。蓋謂金有不死性，火神之種子也。（亦見梵書），而大毗婆沙百十六引一類婆羅門之言。謂大地所有，本是梵王神力化作施諸婆羅門。今婆羅門勢力羸弱，刹帝利等侵奪受用。故婆羅門取受用時，是取己物，皆無盜罪。（佛常斥婆羅門貪財，如長阿含五闍尼沙經等）顧僧人所貪雖特多。而祭者所求嘗亦甚奢。驅病殺敵，及凡所欲而力不能達者，如生天不死，神通自在等。無不可得之於祭祀。合法之馬祠行之百次，則祭者可進位爲神，竟奪天帝釋之席也。

僧侶且可任意修改祭祀儀文。梵書各家之所以並出。婆羅門各族各派之分立門戶有以致之。祭言 Yajnavalkya 大師。印土教史中之老宿。而爲祭禮之專家。食祭牛之事自古懸爲厲禁。而師則曰。至若我，如爲牛肩亦食之。其擅改禮法如此。其後維持風俗禮教。漸衍爲婆羅門之特權，而法典遂爲彼輩獨治之學。祭言大師蓋亦法律家之一。羅侶既挾此無上之威權。故蕩檢喻閑，無識鄙陋者，所在多有也。

婆羅門僧人以此恒爲有識者所鄙。如僂形迦葉聞佛「呵責一切諸祭祀法，罵諸苦行人以爲弊穢。」（見長阿含第十六卷），傳聞雖過，然其貪鄙，史俱有徵。三明經（出長阿含）亦曰。

三明（謂三吠陀）婆羅門見日月遊行出沒之處，叉手拱養。（此一種祭祀）而不能說此道眞正當得出要。至日月所當叉手供養恭敬，豈非虛妄耶。（中略）彼三明婆羅門爲五欲所染。愛著堅固，不見過失，不知出要。彼爲五欲之所繫縛。正使奉事日月水火，唱言扶接我去生梵天者。無有是處。（中略）譬如阿夷羅河，其水平岸，烏鳥得飲。有人欲度，不以手足身力，不因船筏，能得渡不？答曰不能。（佛曰）三明婆羅門亦復如是不修沙門淸淨梵行，更修餘道不淸淨行，欲求生梵天者。無有是處。（下略）

顧梵書中亦常獎進善行。第一語須誠實。阿耆尼（火神）於諸天中爲發願之主。而言語亦列名天中。「一切均二分。絕無三分或爲實或爲不實。僅實爲上天。而不實爲人類。」第二戒淫。淫者觸犯伐龍那。（司善惡，甚正直。），當祭祀之時。祭者之妻必經僧人正式詰問。是否忠於其夫。蓋祭時不能容罪惡於胸。若先事懺悔自白，則罪可滅。至於殺盜墮胎，均須嚴禁。而宗教之條律，尤須恪守。此雖多對祭者（謂出資求福請婆羅門僧主祭者）而發。然婆羅門之德行須修，明者亦漸覺其重要。在黎俱吠陀（如十之一三及十之八二）已斥僧人爲逢場作戲。唱徒集奧義書（一之十二）竟斥之爲羣狗（見附錄）。故不久有四努力之說。分爲梵行時期，在家時期，森林獨居時期，遍出或比丘時期，意在管束人生，謹嚴敎訓。然佛之時代，婆羅門敎之衰壞，實非虛構也。

以上所言，俱據梵書。梵書奧義書，特爲上級人之學說。（奧義書學說見下）通俗之信仰不必相同。徵諸往籍，當時平民特別迷信鬼神。（一）天堂地獄之說漸形複雜。其用意在懲惡勸善。言誠者生天上。作誑者入地獄。禍福年限亦各等差。視善惡之高下爲斷。（二）驅使魔鬼顧多方術。或種植樹木，鬼神所依以謀生活。或占相男女吉凶好醜，以求利養。或作種種厭禱。或誦種種邪咒。或知生死。或習醫方。或占天氣或說國運。亦能咒人作驢馬。亦能使人聾盲瘖瘂。或焚燒鼠嚙能爲人解。（均見梵網經），（三）多數人民雖仍禮吠陀，而所尊之神漸異。求之佛典，其重要者爲大地之神（淨居天）山林之神（雪山神），舊日之神存於俗者甚少。因陀羅在古昔最大，乃轉爲帝釋，性質卽異。而吉祥Siri女神，伊撒那 Isana 均漸見尊仰。後在印度敎。吉祥爲韋紐天神妃。伊撒那則爲尸婆天。顧舊敎之衰替不獨見羣衆信仰。婆羅門中優秀，亦漸棄古多神敎，而主汎神說。如奧義書所載是矣。（羣衆中不乏苦行及新學說。然此俟下論之。）

二

梵書上承吠陀，敷陳禮儀。「法」之事也。梵書之末類有森林書，而奧義書之最早者卽常爲

印度哲學史略　一八

森林書之一部。此二者均重理論。而奧義書尤深探哲理。則「智」之事也。智法互相爲用。徒行祭祀之法而不識其理．所求必不得。此雖梵書之言。而奧義書之於婆羅門教，乃爲教外別傳。梵書之智，實指奧義。而祭義書之智，則已進入哲學之域。必智者乃可知之。其道父僅可傳其子，師僅可選授優秀。中樞祕密應不著一字。奧義書之重要有名者，都十三種。其最初者成於佛陀出世以前。各書所載，或詩或文，或二者兼有。寓言故事神歌均編入篇中。（奧義書各種多非一人手著，且其亦採帝王階級言論），其言雖龐雜，而大義固有可尋者。

黎俱吠陀中晚出之詩章，（黎俱吠陀集長時間歌曲而成。）即有世界本質之疑問。降及奧義書而討論益亟。答案亦多。故印度各宗。如計水外道。（大林奧書五之五。）金卵外道。（唱徒集奧義書三之十九），計時外道（慈愛奧義書六之十四），聲常外道（唱徒集奧義書一以下），自然外道，必然外道，偶然外道。（白騎奧義書一之二），均於諸書中有迹可尋。而五大五風，所食食者諸說，亦散見各篇。而數論瑜伽及吠檀多之道均於是託始。綜其大略，則主張汎神，雖未嘗推之至極。未至立商羯羅如幻之說。而力持即我即梵。實爲後彌曼差（吠檀多之別名）之祖。（此下所引務據早期奧義書。其後期奧義去佛日遠也。）

梵字原義爲頌，（魔術咒語即曼荼羅），爲禮節，爲唱詩僧。其後引申爲禮節所得之魔力。人如作供獻，正歌曲，則有梵生。再引申而爲世界之精力。天地之運行，人類之生命，胥於是賴。故依神言之，梵爲最大，爲造物主。依天象言之，梵爲虛空，周徧一切。依人類言之，梵爲風，生命之本。（風係舊譯。應譯生氣，指呼吸之氣，乃生命所託。）依哲理言之，梵爲世界本質。一切事物均自是生。而日月水火等均可指爲梵。等而上之，梵爲眞如。義如虛空，不落言詮。須

第二章 梵書及奧義書 一九

遮不表。是以有「不不」之說。謂梵出吾人有限知識以外，不如此，亦不如彼。故韋迦陵問梵於白伐。白伐應之曰：「趣學梵。吾友。」卽復默然。及再問三問。乃答曰：「余實詔汝而汝不悟。默然卽此神我也。」（見商羯羅注吠檀多經三卷二之十七）。

所謂神我者。謂阿提茫（atman）。奧義書之大義，可以一言以蔽之。卽梵卽我是也。此爲密意。昏昏者難知。（參看附錄由誰奧義書第三節以下），而知之者，卽可解脫。如大毗婆沙卷二百引明論說曰：

有我士夫，其量廣大，邊際難測。光色如日。諸冥闇者，雖住其前，而不能見。要知此我，方能越度生老病死，異此更無越度理趣。（參看理帝利奧義書第六以下）

在黎俱吠陀。「阿提茫」或指世界之原質，或指個人之生命。而在奧義書中，阿提茫多指自我。「自我者，乃人類固定不變之本質，永住妙樂。如無夢眠。雖彼實無知而實知之。但彼所不知平常之知。（何以故）蓋以其不滅。（平常之知有生滅），而知者之知無已時」。（見大林奧義書第四編三之三十），寂然不動是謂無知。獨爲知者則是有知。一切知作非卽彼體而從彼生。彼爲能見而不被見。彼爲能聽而非所聽。彼爲能思而非所思。故爲獨存之主體。絕對之主觀。是之謂人之實質。

人之實質無以異於世界之精神。此意在黎俱吠陀已見端倪。其第十之九十。比世界爲「補盧沙」（舊譯丈夫，又譯神我），日出於目，月出於心，因陀羅及阿耆尼（火神）出於口，伐由（風神）出於呼吸，空氣出於鼻端，天出其首，地出其足，類此言論，屢見奧義書。（唱徒集奧義書三之十八。大林奧義書一之二）而梵爲內宰。Antaryamin（謂一切外界受其宰御）。尤似仁人神我。自我以外無他物。（語見大林奧義書四篇三之三十），梵即我，我即梵，此之謂奧義。深密不可言說。至於現象世界山河大地是眞是幻。則奧義書諸哲未深加推求。如幻之說，雖現端倪。而多但認梵我實有。不言世間爲非實。此則未免矛盾也。

總上所言，大義有二：（一）梵與我均爲世界之原質。（二）梵即我，我即梵。因其均爲原質，故包舉一切無內無外，無生無死。不可見聞。不可探索。昔烏德拉克既使其子施偉塔克圖學諸吠陀。進而詔以梵之密義。茲節譯之如左。（唱徒集奧義書六之八）：

吾兒。此諸河流通。東者向日出，西者向日入，自此海達於彼海。彼等亦莫辨孰爲此河，孰爲彼河。吾兒。人世恰亦如是。一切衆生雖同出一生，而不自知其爲一。彼神秘之原體，世界以之爲精魂，彼乃眞實。彼乃自我。彼是汝。

又曰：

傍將死之人。諸親畢集。各問曰：汝識我歟？汝識我歟？當其語未沒入心，心未沒入於命，命未沒入火，火未沒入最高精神。彼有知識。既而其語沒入心，心沒入命，命沒入火，火沒入最高精神，然後不知。彼神祕之原體，世界以之爲精魂，彼乃眞實。彼乃自我。彼是汝。

又：

其父曰。置此鹽於水中，明晨其來見我。其子奉行。父謂之曰：趣取置於水中之鹽，子覓之不得，固已全化矣。父曰：於水面嘗之若何？子曰：鹽。父曰：於中間嘗之，若何？子曰：鹽。父曰：於水底嘗之，若何？子曰：鹽。父曰：棄之，再來謁我。子行之。然鹽仍

印度哲學史略 二二

在。

父乃曰：於此身中，汝亦不能覓見實質，但彼固亦存在。彼神祕之原體，世界以之爲精魂，彼乃眞實。彼乃自我。彼是汝。

此中「彼」指「大梵」，「汝」指「自我」。「彼是汝」一語。謂梵我，本來爲一。是此後吠檀多宗極有名之格言。下引一段，亦甚有名。爲哲人商諦禮所說。（唱徒集奧義書三之十四）：

全世誠爲梵。凡靈魂淨寂者趣尊禮之。趣以之爲其所欲知。人誠爲智所成。故當其逝去即變爲智，因爲其在世所有也。是以彼趣精進向智。其質爲神，其身爲生，其形爲光，其意爲實，（眞實不妄），其體爲無限。全能全智，全嗅全味者，包含天地默然不亂者，彼乃吾之精神。處於吾心。小於米粒，或麥，或芥子。小於草子，或竟小於草子之空皮。此吾心中之精神大於地，大於天，大於神區，大於萬有世界。全能全智全嗅全味者，包含天地默爾不亂者。彼乃吾心中之精神。彼乃梵。當余逝去，應彼是達。知此者誠無復疑慮。商諦禮之言若此。

梵我合一之說。爲奧義書之主旨，世間如幻之說，乃商羯羅所後加。奧義書大半近於吠檀多。然其內容緟雜。故他宗要旨亦間可得。最著爲數論瑜伽之說，蓋吠檀多合梵我爲一。而數論瑜伽則顯分爲二（自性與神我），雖其說多見於後期諸書中。而初期書（如唱徒集六之四，迦塔奧義書四之七。），迹亦可得。佛陀出世時之已有數論，亦可徵之佛典。（如佛所行讚第十二品等）。而推學理之進化，當時應有此說。特數論之成熟則恐時仍稍後。事理繁複，玆不詳探。

進而言奧義書之解道。輪迴之說，黎俱吠陀已有萌芽，至此時而益顯。因有無常之懼，而愈有出世之想。大梵是常，故入我須沒其中。合而爲一。天上是常，故人須離世間不返。其解脫之道，主在智慧。祭祀乃「法」之道。奧義書則重「智」之道。人能知天地之祕。斯可獨存。能知梵之奧義，斯卽爲梵。業報之起，悉由無明，故若有智，業力可斷。印度各宗均以智滅苦，佛家智慧亦最尊。其所謂智慧非爲平常知識，乃徹底之覺悟，而得之禪定者。得者於此絕對信仰，成爲第二天性。美人髑髏，富貴朝露。凡庸識之，僅爲格言。聖哲通之，見諸事實。非僅知之也。且我卽慧智，慧智卽我。因我爲淸靜智慧，故了無所限。不死不生，竟合大梵，迦塔奧義書（一至三）述一婆羅門往謁閻魔，不受世界一切快樂，而欲求生死之祕密。智慧之見重，於此可見一斑。是亦印度哲學特性之一也。

附錄

黎俱吠陀集選譯

第一卷 第一篇 頌火神（阿耆尼）

我尊火神家祭專司。凡有祠祀彼神時施。招神祇者諸寶廣輸。阿耆尼神前之諸仙。後之諸聖俱彼是尊。其載諸天俾使來玆。因阿耆尼人得其財。日復一日人其興發。聲名藉甚有雄產生。噫阿耆尼祠祀供獻。來自四方汝悉包藏。卽此祠獻歸百神享。維彼火神招神祇者。智慧、眞實，至極威名。維彼神來與諸神偕。噫汝火神於祀祭者。何善功德汝將行施。若何征實噫案吉利。噫汝火神汝燭闇者。日復一日吾人深思。對汝火神均來頂禮。對汝火神祭祀之王。天地運行汝是持護。揚輝光大在汝之居。因是敬禮噫阿耆尼。若父於子其吾親近。爲民幸福其相安處。

第六卷 第五十四篇

普霜導我其以智者。彼能迅速明示訓誨。彼將相告「彼即在此」。吾人願行與普霜偕。教我直達何家何戚。並將相告「凡此即是」。普霜之輪。其毋毀壞。其車之轅其毋脫落。且其輪緣亦毋動搖。爰以供獻諸敬神者。普霜於彼必不相忘。彼其首先聚有資財脫。維汝普霜其視我牛。維彼普霜其保我馬。維彼普霜爲我得財。聰神普霜其隨護牛。牛屬祭人人獻須摩。其亦護我我等讚汝。毋使失蹤毋失傷毀。毋使隨阱破彼肢軀。其以完牛無毀無傷。維彼普霜其耳聰明。謹愼監守永保其畜。支配財賦吾人望仰。維汝普霜其毋我傷。凡我諸人毋命是行。吾人在此讚汝頌汝。維彼普霜申彼左掌。迴護吾人覆蓋極廣。彼其驅歸我所失亡。

奧義書選譯

「由誰」奧義書

第一節

（一）由誰促進，飛越遠出之心靈？由誰令行，逸出最初之氣息？由誰促進，此諸語言始經人道？眼乎耳乎何神令行？

（二）他乃諸官之耳，心官之心，語言之聲，氣息之氣，視官之目。——經此解脫，智者當此世時，遂得不死。

（三）彼處目不見，語不達，心亦不動。吾人不明，吾人不識，應如何解說他。實則渠出已知之外，且直超乎不知。此上吾人聞自先聖。其解說他與吾人若此。

(四)非語言之能言，而語言因之而言，——此眞爲梵，非如人之所拜禮者。

(五)非心之所思，而思之所以思，——此眞爲梵，非如人之所拜禮者。

(六)非目之所見，而人因之以見，——此眞爲梵，非如人之所拜禮者。

(七)非耳之所聞，而耳因之以聞，——此眞爲梵，非如人之所拜禮者。

(八)非氣息之所呼吸，而實氣息之所以通，——此眞爲梵，非如人之所拜禮者。

第二節

(九)(師曰)：

若汝思及「我熟知」僅甚微汝之知。——梵之色相乎，——於此何者爲汝自己，於此何者在諸天中。——故汝思自以爲知者，正汝之所應審思者也。

(一〇)(弟子答)：

我未思及「余熟知」，但我不知「余不知」。凡吾人中知他者是知他者，但不知「余不知」。

(一一)(師曰)：

凡不思他者，他乃爲其所思。凡思他者，實不知他。凡識他者，他乃不爲其所識。凡不識他者，是眞識他。

(一二)因一覺悟而知時，他則爲所思，而人之所得識爲不死。因神我而得威力，因智力而得不死。

(一三)若已知他，則有眞實。若未知他，敗壞大矣。因識他於萬物之中，智者當離此世時即成不死。

第三節

(一四)令梵爲諸天而戰勝，於彼梵之戰勝，諸神歡躍。彼等作如是觀：「此吾輩之戰勝，此吾輩之偉烈。」

(一五)他識彼等此意。遂現示於彼等前。彼等不識「此精神爲誰何？」

(一六)彼等告阿耆尼（火神）「全知者，——趣認識此，——此精神爲誰何」。答曰：「如是」。

(一七)彼趣向之。而他語之曰：「汝爲誰？」，曰：「余誠爲阿耆尼，余誠爲全知者。」

(一八)「若汝輩者，有何神力？」，「余可燃在大地上一切諸物」。

(一九)他置一草於彼前曰：「燒此」，彼以全速趣向之。彼不能燒。因是彼竟返曰：「余未能認識此，——此精神爲誰何。」

(二〇)復次彼等告伐由（風神），「伐由——趣認識此，——此精神爲誰何？」，答曰：「如是」。

(二一)彼趣向之。而他語之曰：「汝爲誰？」，曰：「余誠爲伐由，余誠爲摩塔利桑。」

(二二)「若汝輩者，有何神力？」

「余可驅去大地上一切諸物。」

(二三)他置一草於彼前曰：「去此」，彼以全速趣向之。彼不能去。因是彼竟返曰：「余未能認識此，——此精神爲誰何」。

(二四)復次彼等告因陀羅曰：「麻加王！趣認識此，——此精神爲誰何。」答曰：「如是」，彼趨向之。他即避彼隱去。

(二五)即在此地，彼遇一甚美婦人，名爲烏摩，雪山之女，彼謂女曰，「此精神爲誰？」

第四節

(二六)女曰：「梵也。於梵之戰勝，汝輩歡躍」，於是彼遂能知「他爲梵」、

(二七)故此諸天，即阿耆尼，伐由與因陀羅位他天之上，因其最近他也。因彼等及彼(謂因陀羅)先知「他爲梵」也。

(二八)故因陀羅遂在其他諸天之上，因其最接近他也，因其先知「他爲梵」也。

× × × ×

(二九)關於他有此指示，——電光瞥現，使人瞬目，呼曰呀。——此呀指天事。

(三〇)至若指人事，——凡經過吾心者，因之人屢憶不忘。——此義「即他也」。

(三一)彼名塔得他伐那。(欲望)，因他爲欲望，他應受祭祀。如有人若是識他者，衆生皆依之。

× × × ×

(三二)「尊者告我以奧義。」

「奧義已宣示汝矣。吾輩實已告汝梵之奧義。」

(三三)若行節欲，勸作，爲其基。吠陀爲其肢。眞實爲其宅。

(三四)人之若是知之(奧義)者，驅去苦惱。在最勝不死之天界，彼能建立。——噫，彼能

印度哲學史略　二八

建立。

唱徒集奧義書　（一之十二）

復次爲諸犬之歌唱，——

巴克大必亞——即格拉伐馬推亞——出學吠陀。

一白犬現於其前。圍繞此犬他犬集焉。言曰：「尊者趣以歌曲爲我輩求食，吾等誠飢餓。」

彼乃詔犬等：「明晨汝等其即會我於此地。」。於是巴克大必亞——即格拉伐馬推亞——守候視之。乃竟如僧人然，當彼等將唱己須搏瓦麻頌時，攜手前進。故彼等亦如是前進。次彼等皆坐，而作第一次之發聲。

彼等歌曰：「唵！吾輩趣食。唵！吾輩趣飲。唵！神伐龍那與世主及沙畏吠，其以食至。——噫，食神其以食至此。——嗚呼！其以食至此。——唵。」

第三章　釋迦同時諸外道

釋迦牟尼出世之時大概在奧義書之末期。其時異說並出。婆羅門人宗祀吠陀。然上焉者則奧義書談哲理，引起僧佉諸論。下焉者則崇魔術，演爲祕咒之教。至若非吠陀之嫡派，則尤繁興。佛教與耆那教是矣。其大師之有名者，尤指不勝屈。如祭言、如商諦禮、如施偉塔克圖，則見於奧義書。如六師、如調達，則見於佛典。當均爲一時所重，彼時印土人之學術縣昌。究其因緣，約有四焉。

蓋印度雅利安人奠居已久，民力增漲，智識漸高。禮樂文化，待年遂興。而其時貿易交通，見聞較廣。公衆辯難，流爲風尚。或挾金以求議論。或行之大祭場中。或爭執不決，至築屋以居，俾可長久討究。即帝王亦獎勵甚殷。（見本生經離欲品等，而如巴利文那先比丘經有智者王者議論之說，智者以理屈，王者以力服，彌蘭王則慨然取智者議論之法。）而持學說者往往足無定居，與求道者以無上方便。故教化普及，不易爲婆羅門所專持。如佛陀尼犍子均出帝王階級。奧義書中，婆羅門亦常低首承教於刹帝利種。當時普通民智之高，實新說盛起之原因一也。民智既高，吠陀諸神，以常留野蠻遺風，而失人民之仰望。是以建立梵天，黜多神教。而起萬有一神之觀念，（晚期之黎俱吠陀及阿闥婆），甚至謂祭祀自可得福。福非神授。（梵書），而於神之有無，亦三復致疑。信仰求福之念大消，而多由智慧以求解脫。原因二也。吠陀之世，重在祈

第三章　釋迦同時諸外道　二九

福。故祭師權力特大。經時既久，僧侶濫行威權，神殿成貿易之場，祠祀作謀生之術。（婆羅門教），縱欲亂紀。識者憂之。乃有努力（asrama）之設。苦行之教，其意無非在嚴定清規，盡私欲。原因三也。有鬼之論，始於黎俱時代之前。自玄想漸多，益攷慮死後眞我之究意。而自輪迴說興，無常之懼驟盛。人生戚戚富貴。汲汲名利。奄忽物化，以何爲實。況宗教重不死。而印人尤喜寂靜常在。然事與望違。如佛告比丘：「世間無常，無有牢固，皆當離散。無常在者。心識所行，但爲自欺，恩愛合會，其誰得久。天地須彌，尙有崩壞。况於人物，而欲長存」。（錄東晉譯般泥洹經），煩惱生死，悉爲業果。無常之苦，根據輪迴。所以大變黎俱樂生之風。持悲觀之說，異計羣興，[illegible]均以盡業緣。出輪迴爲鵠的。原因四也。

婆羅門教承吠陀之餘緒。保守祭祀之法。奧義重學理研究。新創解脫之智。智之道雖已多門，如吠檀多及數論之先河等。其實當時發願出世。廣立智論者。婆羅門正統外尙大有人在。希臘有梅迦斯屯尼者，以西歷紀元前三百零二年受命使月護王庭。歸而著一書，內謂當時印土宗師，顯分二派。一爲婆羅門。一爲沙門。其所謂沙門，類重苦行，敝衣乞食。有執巫醫占卜之術者。大不似指佛陀信徒。惟據巴利最早經典。常以婆羅門沙門並稱。而未明言沙門爲釋氏所有專名。則沙門者，似爲當時不屬於婆羅門正統者與有之名號。其行爲如林住如巫占，雖不必有異於婆羅門僧人。然究不屬於吠陀之宗緒。計此時最有名非婆羅門之學統，爲佛教及耆那教。依今考證，婆羅門教或較盛於西方。其東則婆羅門之化較衰，而爲佛教耆那發展之域。當是時也，非婆羅門教哲人之知名者爲六師，（長阿含載阿闍世王曾就六師問沙門果，則六師應均爲沙門），爲阿羅邏迦藍，爲鬱陀迦摩羅子，（佛嘗問道於二人，據中阿含羅摩經，二師各爲沙門團體之領

印度哲學史略 三〇

袖。）闢爲力（爲尼犍子之婿叛其岳之耆那教而別立團體）及叛佛之調達（即提婆達多，義爲天授，叛佛另立團體，至晉猶有存者，見佛國記）等。至於釋迦牟尼則諸哲中之特立者也。當時貴族出家求道。世人見之。不但不以爲怪。且有尊禮之者。（如中阿含箭毛經所述）出家者夥。其中不無藉行乞以謀自活，軼出常軌者，如末伽黎拘舍羅爲六師之一，即邪命外道之首也。居舍衛城，館於陶人婦家。持一杖乞食，（故得末伽梨名），行諸種奇異苦行。至謂淫樂無害，精進無功。其初本師尼犍子。後以壞戒離去。耆那教人亦斥爲婦女之奴隸。詭作奇說，動世人，以謀生活。故時人謂之邪命外道。由是諍事。而各宗首領常聚衆設戒。爲有組織之教會。（梵曰僧伽。拘舍羅反對此項團結，與尼犍子徒辯論，斥其師聚黨。可知僧伽之制。非出家者之常規。），其時教律最嚴者，爲耆那教。

求道既成風尚，於是宗計繁興。散見典籍（如佛教書及耆那教書）者不少。整理發明，談佛教史者，應詳搜討。

（一）凡沙門婆羅門，廣博多聞。聰明智慧，常樂閑靜，機辯精微。乃爲世所尊重。（見長阿含卷十四），以是辯論之律漸興。而離支離堕負之語隨出。（見雜阿含四八），有散靨邪。毘羅梨子者，六師之一也。每於一事全無定見。如人補鱔。不可捉摸。（見巴利文本沙門果經）：

「若汝問我，是否有他世，如我思其爲有，我當如此說，但我不如此說。並且我不思其如此或如彼，且我不思其爲不然。且我不非之。且我不說無有，或非無有他世。而若汝問我是否有化生。………是否善行惡行有結果。………是否如來死後有生。………「對於此各問我均如上答之。」

印度 哲學史略 三二

同時謂此事實。此事異。此事不異。此事非異。此在六十二見有四見。（以下所陳六十二見俱依長阿含文），耆那教（尼犍子）斥爲不知主義（Ajnanavadis）而立或然主義（syadvada）（見下），其邪命外道之拘羅舍，亦立三句。謂同一事可是，可非是，可亦是亦非是。凡此者蓋均歸論術之方式也。

（二）世間諸論尤爲繁興。

（甲）有謂世間常。（六十二見之四），或謂世間半常半無常。（六十二見之四），言常住者，謂一切世界均是不變。言或常或不常者，如欲界變化而梵天常住云。

彼大梵者能自造作。無造彼者。盡知諸義。典千世界。於中自在。最爲尊貴。能爲變化。微妙第一。爲衆生父。常住不變，而彼梵化造我等。我等無常變易，不得久住。（此段似奧義書，尊大梵爲世主等思想）

（乙）論世間有限無限、（有邊無邊六十二見之四）

（丙）論世間變化之原因。傳說有三種。（中阿含十三度經），（一）宿作因論。謂一切世事皆由前定。如邪命外道拘舍羅，謂業報極強。無道解脫。一切運行均係必然。故其語阿闍世王曰：大王。無力無精進人。無力無方便。無因無緣衆生染著。無因無緣衆生清淨。一切衆生有命之類皆悉無力。不時自在。無有怨讐，定在數中。（中文長阿含文。且謂此段係謂迦旃延語。惟識以巴利文及尼犍子經。此係拘舍羅語。今從之。），此所謂數，命運之謂。（二）尊祐論。崇自在天。一切運行均依神意。婆羅門書中散見此說。（三）無因無緣論。（六十二見有二見），謂世事皆出偶然。如推此說必無果報。而似富蘭迦葉（六師之一）之學。如言：

大王，人若自作，或教人作，人若殘傷，人若罰，或教人罰，人若生苦害，或教人苦害，人若自悲傷，或使人悲傷，人若殺害衆生，取非所與，擋入人居，結伴、掠財、强盜、路劫、或作淫亂，或打誑語，關於此諸人無有罪惡，若用鐵輪，刃利如薙刀，斷割世上衆生，以爲肉聚，此無罪惡果報，亦無罪惡之增加。人若於恆河南岸，擊殺、或教人殘傷，若欺壓，若使人欺壓，此無罪惡果報，亦無罪惡之增加。人若於恆河北岸施與，或使人施與，作祀獻，或使作祀獻，此無公德果報，亦無德之增加。（巴利文沙門果經）

此乃無因外道。似開順世外道自然因說之先河。（上言尊祐無因二論亦見長阿含卷十七布吒婆羅經）

此外亦有以世界事物變化之因，歸之神我者。由命（神我也。猶言靈魂。）有想生。由命有想滅。（亦出上經），此則神我爲因之說也。（此亦見於白騎奧義書，而上述第一說亦係設奧義書中所言之必然外道，第三說卽彼書之或然外道）

（三）爲自我或靈魂之研究。

（甲）耆那教經言最著名之邪道有四。一爲不知主義（已見前），一爲戒律主義。（專崇戒律），一爲有作主義。謂我實有。且能作能受。一爲無作主義。謂我非有。不能作。不能受。繼我非有。佛亦持之。而耆那教經與另舉有二說。第（一）說持我與身一。下自足底。上至髮端。居於皮內爲生命。卽是自我。自我有生。當此身死，彼卽不生。彼之時限與身軀同。命借身盡。他人負之付諸烈火。當彼已爲火燒。所存者黑如鴿之骨。而四負扭者攜其架牀復歸村中。故別於身之我實無，實不存在。（中略）

三三

印度哲學史略 三四

趣殺。趣掘。趣屠燒。趣烹切破壞。生命盡於是。此外無世界。第（二）說亦蔑視道德。賣人傷生。在所不禁。惟言身乃地水火風空聚成。五大散滅。生命亦盡。此等說頗似阿夷多翅舍欽婆羅（六師之一見長阿含卷十八）之言。受四大人取命終者。地大還歸地。水還歸水。火還歸火。風還歸風。皆悉敗壞。諸根歸空。若人死時床舁舉身置於冢間。火燒其骨如鴿色。或變爲灰土。若愚若智取命終者。皆悉壞敗。

爲斷滅法。

凡此宗派。順世外道之先河。（順世後有二派：一說身與我一，一說身與我異。惟均謂四大有滅我亦隨死。）斷見（六十二見有七見）之極則也。

此外亦有持我與身異者。如耆那教立命句義。命者靈魂，與物質對立。而大師中之迦稱延謂身乃由七積聚而成，命亦爲其中之一。其言曰：

大王，下說七類非所作，亦非使所作，非創生，亦非使創生，乃是無生，安住如山，堅立如柱。（伊師迦）不動，無有轉變，互不相觸，無補於樂，或苦或苦樂。何等爲七。謂地水火風苦樂及命爲七。此七類非所作，非創生，亦非使創生，乃是無生，安住如山，堅立如柱。（伊師迦）不動，無有轉變，互不相觸，無補於樂或苦或樂。或無教殺人者亦無殺人者聽者，或說者，知者或釋者，設有人以利刀斫士夫首爲二。無人因此害世間生命。蓋利刀不過游轉

於七類中間耳。（巴利文沙門果經）

（乙）何爲我之本體。亦當時聚訟之點。要不外即蘊離蘊二大綱。如布吒婆樓（見長阿含十七）與佛爭辯何等是我。而陳多說。（一）謂色身四大、六入、父母生育乳哺長成。衣服莊嚴無常摩

滅法。此等色身是我。（二）謂欲界天是我。（三）謂空處是我。乃至說識處不用處有想無想處無色天是我。而六十二見有謂我是有想之十六見。（謂我是有色有想乃至我是無量想等。），無想之八見。（我是有色無想至我是非有邊無邊無想）非想非非想之八見。（自有色非有非無想至非有非無邊非有非無想），雖不必持諸見者均有其人。（邪命外道言我爲有想有色。尼犍子言我爲有想而無色），而當時探索自我之原質可知其亟也。

（四）各宗雖俱信輪迴之說。而其解釋各異。

（甲）輪迴之期限，有謂無盡。得智慧，作苦行，可使中斷。尼犍子及佛說是矣。有謂身與我是一。故身死我滅。輪迴旣無。期限更可不論。阿夷多（六師之一）等是矣。有謂輪迴甚久。（如邪命外道說），業須待其自然成熟。絕不能以智慧苦行斷滅。輪迴之期爲八百四十萬大刼。每一大刼爲三十萬沙拉。而每一沙拉之計法如下。

恆河長五百由旬。寬半由旬。深五十陀那。今有十三萬七千一百五十七恆河。而令移去其中之沙。每百年一粒。直至沙盡時則爲一沙拉。（每由旬約當四英里半，每陀那約當六英尺）

（乙）輪迴之程徑。奧義書有謂善人死後循祖先之道，以至月宮享福受樂。至其善業盡，後生人間。惡人反之。須入地獄受苦。而得大梵上智者。解脫輪迴。不生不死。是曰天之道。而沙門婆羅門亦設天堂地獄之說。其神話之複雜。卽覽佛典所載。亦當驚印土此類信仰之完備也。

（丙）輪迴之身。如尼犍子謂輪迴爲有色物，業報是矣。如奧義書則輪迴者爲無色物。因彼執我是無色也。僧數論爲佛時學說。則謂神我，無縛無脫。輪迴別有細身。佛教旣主無我。故無實物輪迴，不墮斷見。實深微妙也。

第三章 釋迦同時諸外道 三五

（五）請言解脫。解脫之說，種類繁多，各宗互異。或謂及時行樂五欲自恣。此是我得現在涅槃。六師阿夷多等之說，而後時之順世外道也。或謂去欲惡不善法有覺有觀離生喜樂請入初禪，即是解脫。或謂滅覺滅觀內主一心無覺無觀定生喜樂謂入二禪，即是解脫。除念捨喜住樂護念一身自知身樂謂入三禪，即是解脫。或樂滅苦滅先除憂苦不苦不樂護念淸淨謂入四禪，即是解脫。（上六十二見中之現在涅槃四見。文悉依長阿含。），或修無有處定，即是涅槃。則阿羅邏之說也。或修非想非非想定即是解脫。則鬱陀迦之說也。當或依瑜伽解脫成爲風尚。佛重智慧亦主治心。大林奧義書（四之四）曰：如人知神我而悟我即彼。（指神我即大梵），尚有何欲愛令彼圍於身。此即詮瑜伽義。瑜伽義在相應。明梵即我之祕可得自瑜伽也。夫離欲（瑜伽義亦作相離）靜寂專在治心。瑜伽之學也。毀形殘生者在治身，苦行之說也。自其上者言之，則治身即可治心。瑜伽即苦行之一。等而下之。則苦行偏於外儀。乃戒之事，爲禪之外行。瑜伽精於內觀，乃定之事，乃智之基本。苦行者去欲受戒。其事已足。而沙門婆羅門乃有競騖新奇，意在駭俗。食他信施以謀生活者。（邪命外道其最著者也），如佛典云：

常執鬚髮。或舉手立。不在床坐。或復蹲坐。以之爲業。或復坐臥於荆棘之上。或邊椽坐臥。或坐臥灰上。或牛屎塗地。於其中坐臥。或翹一足。隨日而轉。盛夏之日。五熱炙身。或食菜。或食稗子。或食舍樓伽。或食糟。或食油滓，或食牛糞。或日事三火。或於冬節。凍冰襯體。有如是等無量苦身法。（出雜阿含）

佛經又曰：

離服倮形。以手自障蔽。不受夜食。不受朽食。不受兩臂中間食。不受兩刀中間食。不受兩杌中間食。不受共食家食。不受懷姙家食、狗在中前不食其食。不受有蠅家食。不受請食。他言先識則不受其食。不食魚。不食肉。不飲酒。不兩器食。一餐一咽。至七餐止，受人益食不過七益。或一日一食。或二日、三日、四日、五日、六日、七日一食。（上段證之巴利文中阿含三六，似邪命外道行。），或復食果。或復食莠。或食飯汁。或食麻米。或食穢稻。或食牛糞。或食鹿糞。或食樹根枝葉花實。或食自落果。或被衣。或被莎衣。或衣樹衣。或草苫身。或衣鹿衣。或留髮。或被毛編。或著塚間衣。或有常舉手者。或不坐床席。或有常蹲者。或有剃髮留髭鬚者。或有臥荊棘上者。或有臥果蓏上者。或有裸形臥牛糞上者。或一日三浴。或一夜三浴。以無數苦。苦役此身。

是皆釋迦之所不許。蓋「彼戒不具足。見不具足。不能勤修。亦不廣普。」（上均見長阿含卷十六），欺世盜名之徒也。

智慧解脫。各宗多尚之。吠陀時代解脫之方。不在智而在法。法者祭祀。然自吠陀神話，婆羅門哲人側重奥義，知祕旨者乃得解脫。故其後正統六論。（吠檀多、彌曼差、數論、瑜伽、勝論、正理論。），莫不以智慧爲主，沙門外道辯論反復。各立異說。即瑜伽修行莫不目的在得眞諦。而佛家驅斥邪見，重一切智，得最正覺乃得成佛。西方哲學多因知識以求知識。因眞理以求眞理。Knowledge for Knowledges Sake, 印度人士。則以智慧覺迷妄。因解脫而求智慧。故印度之哲學。均宗教也。

解脫者。出輪迴超生死之謂。無論以苦行燒除。（苦行字義爲燒），或以智慧獨存。要在停止業力。使之無用不生。然邪命外道則唱自然解脫之說。謂命運前定。業力極強。中途不可使

第三章 釋迦同時諸外道

三七

印度哲學史略
三八

止。作善作惡均無效用。拘舍羅曰：

大王，無因無緣，令有情雜染。非因非緣而有情雜染。無因無緣，令有情清淨。非因非緣而有情清淨。無有自作。無他人作，無人可作，無力，無精進，無人力，無人勢。一切有情，一切衆生，一切活者，一切命者，無權，無力，無精進。定合其自有性，而變于六勝生，受諸苦樂。有十四億六萬六百生門，有五百種業，五業，三業，一業，半業，六十二行跡，六十二中刦，六勝生類，八大土地，四千九百種活命，四千九百種出家，四千九百種龍家，二千種根，三千地獄，三十六塵界七有想藏，七離繫藏，七天、七人、七畢舍遮、七池，七波秋他，七有小波秋他，七險七百小險，七夢七百小夢，——於如是處經八百四十萬大刦，若愚若智往來流轉，乃決定作苦邊際。此中不「可作此言」曰、以戒以行以苦行以淨住，我將使業未熟者熟、已熟者觸己卻便變吐，以如是斛量苦樂於輪迴中不可變換，無可增減，無可多少。如擲縷丸縷盡便住，如是若愚若智流轉輪迴乃能作苦盡邊際（譯巴利文沙門果經）

邪命外道與順世外道（六師中富蘭迦葉及阿夷多翅舍欽婆羅類此），雖均蔑視道德，而一則業報極强，時盡乃脫。故雖棄禮義亦可謂無惡果。一則身死命隨。無輪迴無業報。故稱淫樂爲涅槃。二者結論雖同。而立旨實異也。

附錄

（甲）六師學說

六師外道見引於大小乘佛經中者極多。所引學說，僅爲佚文六段。此外其說散見者頗少。此佚文六段之題目如下。

(一)恆河祭祀殺人無功罪　巴利文部沙門果謂爲富蘭那所說。(文已見本章)

(二)擲縷丸　巴利經謂爲拘舍羅說。(文已見本章詳釋見下章)

(三)四大　巴利經謂爲阿耆多說。(文已見本章)

(四)七類　巴利經謂爲迦旃延說。(文已見本章)

(五)捕鱔　巴利經謂爲删闍夜說。(文已見本章),其言不著邊際,不可捉摸,如捕鱔。故有此名也。

(六)四自制　巴利經謂爲尼犍陀之說。其文曰:大王、尼犍陀制行四自制。何者爲四。彼自制於諸水。自制於諸惡。一切彼悉滌盡。且歡樂於惡之受制。此爲四字制。尼犍陀行此四字制。尼犍陀遂心已達到,心已制服,心已立定。

此中制於諸水,著指彼教不飲冷水之戒律。如中阿含優婆離經;有尼犍飲湯斷冷水之言。(其餘散見四阿含者頗多)

此六段佚文散見中文佛典中者雖文大同小異。而說此各段之人。則不但與巴利原文多不同。且亦各自互異。現今欲考定何段爲何師學說,頗爲困難。說者謂此六師或原屬同派。故各說均可納於他人之口。如尼犍陀原與拘舍羅本屬同宗,可證也。

(乙)順世外道學說

順世外道者,不悉始於何時。其教爲沙門及婆羅門所同詬病,彼最不信智慧。蔑視神權。力持死後無我,而舉一切歸之自然。遂以縱欲爲解脫之正道也。

順世原音路哥夜多。在早期阿含經中。此字指典籍之一部。如究羅檀頭經有曰：此婆羅門巽學三部（指三吠陀）諷頌通利。種種經書，盡能分別。世典幽微，靡不綜練。此世典者，即路哥夜多。夫既爲婆羅門所綜練。則非彼等所棄之順世外道可知。顧在阿含經中、路歌夜多雖不指順世。而其學說、則已有六師之富蘭那、拘舍羅開其端。且在白騎奧義書中、已有自然因外道之名。則此類學說，發源固甚早也。

順世之徒又名迦伐卡。相傳迦伐卡爲此派之創者。故其徒黨因之得名。其根本經典爲梵主（神名）所撰。今已佚。印人馬達伐作攝一切見集曾引之。彼集於第一章中略述。似非早期順世學說。但述彼外道較他處爲詳。

順世外道僅信現量。而非比量譬喻量等。並反對吠陀之聖言量。因此而主自然因說。凡宇宙事物。均自然而生、自然而滅。非由天神（指自在天等），非由自性。（如數論說），實爲無因主義。故大毗婆沙一九九引無因論者曰：

現見孔雀鸞鳳雞等，山石草木花果刺等，色形差別、皆不由因。自然而有。彼作是說：「誰銛諸刺、誰畫禽獸、誰積山原，誰鑿澗谷，誰復雕鏤，草木花果，如是一切、皆不由因。於造世間、無自在者。」，由斯便執我及世間皆無因生。自然而有。

隋譯本行集經王使往還品云：佛言，故先典中有如是語，棘針頭尖是誰磨造，鳥獸色雜是誰畫之。而金七十論引其說曰。（錫蘭覺音長阿含釋亦引一段意與此同）：

能生鵝白色。鸚鵡生綠色。此雀生雜色。我亦從此生。

此中我者指自我，謂生命亦自然而生。蓋彼宗謂人之靈魂智力附於身體。身體合四大（地水

印度哲學史略　四〇

火風）而成。我亦隨之自然而起。如糟之出酒，本非二事。人若命終，四大分散。神我卽滅。此言身與我一。所謂堵塔迦伐卡派（Dhurtta carvaka）爰有派別，主身與異。惟亦執命終身。身壞神卽隨滅。此名蘇師尸塔迦伐卡派。（Susiksita carvaka），故順世外道者斷見之極也。

此派既執斷滅，故謂善惡均無報應。而倡言於此世間，宜取目前之歡樂。黜信仰。蔑道德。滿足肉慾爲人生終的。茲取其梵主所作經一段，以殿斯篇。

無天上，無究竟解脫，無靈魂在他世界。且四階級諸教會等之行爲，不生何等眞果。火祀三明苦行者之三杖塗自身以灰，均自然爲乏知識勇氣所設之生路。若獸被殺於吉約退須託廝禮儀而可以生天上，然則祭者胡不竟獻其生父耶。如信仰可使死者饜足，則如世間行旅之初發，是可不用爲路中備糗糧。如在天者可以此世之供獻信仰而饜足。則胡不於屋下給此食與立於屋上者。當生命尚在，任人歡樂。人其以肉糜爲活。雖至負債亦可。當身體之變灰胡能復返。若離此身者赴他世，則彼甚戀愛親友者胡爲不歸。故婆羅門所設之死祀，均謀生活之具。實無何處有果報也。吠陀之三著者，乃妄人也，鄙夫也，魔鬼也。智者之有名咒誓。馬祀對於王后之穢禮均妄人所發明。諸種贈償之物亦復如是。夫夜出餓鬼固亦如是求得肉食也。

第四章 耆那教與邪命外道

沙門外道在釋迦出世之時雖極盛，然諸教恆流行不久，典籍早佚。學說散見他宗之書者，亦爲斷簡殘篇。且他宗引用時，恆參以門戶之見，未可即據爲定論。惟耆那教猶存印土，經典俱在。邪命外道則因與耆那關係。其學說散見者較多。玆取其要，陳述如左。

一

耆那教徒，承祖大雄。大雄（生於西歷紀元前五百四十年死於四百六十八年）姓若提名增勝。父屬王族。與摩迦陀王有戚誼。本生奇蹟，或人，或獸，或爲天帝，或爲梵僧。及至降生若提王族。母夢白象。（共有十四夢）瑞應最多。三十棄富貴出家求道。遊行乞食，亘十三年。娑羅樹下，得獨存智，尊號大雄，或稱勝者。其教因名耆那。（義爲勝者），離繫出世。其徒因名尼犍子。並以其姓爲若提，佛典中遂名大雄爲尼犍陀若提子。（譯爲離繫親子），爲六師之一。布教立規，多衆歸依。年七十二始入涅槃。超生死海。大雄之前，有祖二十三，（如釋迦之前有七佛），而大雄之師爲勃斯伐。立四大戒。不殺不誑不盜不有私財。（大雄加第五戒不淫），令其徒著一衣。（一裹衣一外衣，大雄，則尚裸體），據耆那教經中載大雄之徒與勃斯伐之徒辯論二師之異同。（見東方聖書四十五册之一一九頁以下），則勃斯伐者似實有其人，而大雄非即耆那教之祖。（據彼教書謂其初祖名勒沙勃），大雄於未成道以前與拘舍羅於王舍城附近共修極端苦行者六年。然拘舍羅後自立團體。世稱之爲邪命外道焉。而大雄之壻闍[illegible]力，亦因教理上之爭辯。離耆那教而獨立。是爲第一次之分裂。及至大雄死後約六百年而有第八次之大分裂。（西歷紀元後八三年），爰分爲白衣天衣二宗。白衣者衣白衣。天衣者以天爲衣（即裸體），各有經典。天衣派尤重苦行。以擁座著衣者及婦女均不得解脫。而二派教理之區別，則實瑣屑無所謂矣。

耆那教乞食薙髮。（或拔髮），遊行人間。於雨季則恆居住說教。（如佛教之夏坐），最忌殺生。因之必攜帚以行。（天衣派則攜孔雀毛或牛尾），掃除道路。防生命爲所踐踏。其防範殺生之周密，大概類此。依耆那教理言之，天神人類均入輪迴。苦行智慧，乃解脫之道。故崇拜諸天，實無意義。惟自其教廣布印土以後。受神教之影響。而說者謂其第二十二祖與韋紐天爲親戚。故耆那教漸有神之崇拜。而其寺宇之壯麗。亦至有名。中古以來。彼教雖經回教徒摧殘，在即勢力尚盛。據近年（一九〇一）調查，其信徒猶有千餘萬也。

奥義書立言世界之體是常。故其本體爲梵爲我。梵我常之極。推其言故世間現象是變。亦應是幻。耆那則謂立說不可趨一端。譬彼金瓶爲極微所成。故自極微言瓶則爲實非虛。自全瓶言，瓶則可變，亦謂爲幻。又瓶可同時爲實爲非實。（實之梵音陀羅驃勝宗六義之一），自地大言之，瓶則爲極微所成。自水大言之，則非極微所成。（金蓋爲地大極微所成，依彼教地水均屬實句義），自地變成金言之。則瓶爲地大所成。自地變成石言之，則瓶非地大所成。世間事物經生住滅。物性（物謂物質，性謂性相。）變化不可拘執。故耆那執不一邊主義。（彼教常分三句義，一實，二德、三變。或又分二句義，一實、二變。）

物非單純。各具多方面。依此言則諦。依彼言或妄。故大雄之徒又立二道七分之說。二道七分之說者何。二道者，一物自其本體言之，則爲實道。自其名相言之，則爲變道。實道有三。變道有四。茲姑不詳。七分者屬或然主義。言事物均可自七方面說。如（一）瓶是實。（二）瓶非實。（三）瓶亦實亦非實。（四）瓶不可說。（五）瓶實亦不可說。（六）瓶非實亦不可說。（七）瓶亦實亦非實亦不可說。蓋一切諸句俱可成立。說者須了然於其所依據。而空執一邊者，則必誤也。（故百論疏三有若提子立非有非無宗之言）

耆那與數論均係二元。物質是常，諸我亦常。兩相對立，如是有六句義：謂命（即我之謂義如靈魂），法，非法，時空四大。或有七句義：謂命、無命、（此有四謂空法非法及補特迦羅），漏、縛、戒、滅、解脫。此中命與四大最爲重要，蓋人之精靈，降生四大中，縛於業，迷於漏，遂有時間空間之限，有善惡諸行。解脫之方在戒律。（苦行屬此），而解脫之旨在滅苦也。

一切事物，或有生命，或無生命。二者爲絕對差別。身體絕非生命之本源。（如順世外道所說），生命亦非身體之本質。人之所以有知有作。以其有命。命爲作者知者受者。命有二種。一論迴命，囿於生死。不斷相續。一解脫命，脫去軀殼，直入涅槃。命如已解脫，清淨獨存。則有無邊見，無邊智，無邊喜，無邊能。然從無始來。生命縛於業緣，其能力清淨，均有邊限。命之數無限。非徧滿亦非極微。惟隨身大小。充遍各部。如鞴籥風。隨詰舒卷，如燈在室。隨量充照。因耆那教最戒殺生。故知命之所在至爲必要。命隨根數而分六種。有一根（皮）者，如植物。有二根（皮舌）者如蟲。有三根（皮舌鼻）如蟻。有四根（皮舌鼻眼）者如蜂。諸獸則有五根。（皮舌鼻眼耳），而人天及魔等並有心根。（內根）凡有心根者，屬有想類，餘則無想。（心者謂末那），四大極微，均有生命。（名爲地命等），此諸生命，生死輪迴。於諸大中。此諸命身，或粗或細。細者不可見。最下之生命，僅俱一根，是爲植物。植物有一命者恆粗。而一植物中，每有無限生命者，則細不可見。（此諸植物極細命身名尼哥達），其中生命共同消化。至爲痛苦。世界全充滿以此種生物。若世有一命已解脫。則此中一命脫離。入世輪迴。以補解脫者之缺。（即使全世界有情均已解脫。即尼哥達最小之一部。亦堪補其所缺。）

補特迦羅者，非命句義之一也。譯謂物質。（非犢子部之補特迦羅爲個人爲個性），補特迦羅爲極微所成。極微是常。且無方分。體極鄰虛。是曰極微。有觸、有味、有香、有色。極微有四種，地水火空（氣）是也。物有二種：粗如器，細如業。（業是有色），各極粗物，極微所成。排置不同。故物各異。人之精靈（命）本來清淨。因有作業。而補特迦羅之細質，轉變爲業。輸注於命。此之謂漏。因命有情感，遂縛於業。其影響於生物之道有八。故業分八類。此諸業類，細質結爲業身。附着於命。相偕輪轉。若業已生果，則即脫離。吾人一切行爲。均由業定。智愚賢魯。亦由業緣。業者本生所作，將來必報。非由神力。（簡自在天外道等），非祭祀所能壞。（簡婆羅門教），業非無碍。無碍之物，不能生物，亦不生害。有如虛空。故業是有碍。而爲補特迦羅也。命因貪著而爲業附。依業之性質而轉生諸趣。譬如衣被油漬，易爲塵據。衣，喻命。油如貪愛，而塵則補特迦羅也。

八業者何。凡遮蓋本有智慧者，名爲智蓋。遮蓋正見者名曰見蓋。凡生苦樂者曰受業。凡遮蔽正信者曰痴業。又有四種，決定個人責性。曰壽業，（定壽長短），曰名業，（定性質），曰

印度哲學史略　四六

種業，（定種姓國籍等）；曰遮業。（定命之性力），依耆那教，業之種類。分析極繁。茲不能詳。惟諸業總合，則生特殊顏色。於是而分爲六勝生類，（又名爲棃舍），黑青灰黃紅白是也。（邪命外道，亦分有黑靑青紅黃白及最白六種。）六者定人之德性。後三屬善。前三俱惡。白者命已解脫。最惡之命，則爲黑。（諸色均不可以肉眼見）

耆那教最重業力。謂一切事物，悉憑因果業報。故維摩經注曰：其人起見，謂罪福苦樂盡由前世，要當必償。今雖行道。（此必係指常人之道非尼犍子之道），不能中斷。（參看百論疏三）法句義者，無味、無觸、無嗅、無聲、無色。充遍世間。爲動之源。如水之與魚。雖不能助行動。而魚之行動須水依據。非法句義爲靜之原。命與物質，靜止不動。乃由非法。空（空間）句義者。充遍此世（人天等所居）與非世。（已解脫之命所在），絕非空無。實爲細質。時（時間）句義亦然。如法爲動源，非法爲靜源。有空故物可佔方位地段。有時故物可有新性質之取得。時本不變。然可分爲年月日等。於耆那原文，時間謂迦羅。而年月日等時則曰沙馬牙。依彼教言宇宙無始終。世間乃苦樂場所。大分三部，一天所居，一人所居，一地獄。世間之外無法。但僅有空。色繞此世，有空大三層。命若解脫。則直出此世。靜寂（法乃動之源。彼世無法。故靜寂）獨存。

解脫之方，總曰三寶。正智正信正行是也，正智者明辨諸諦，而不落於一邊，有正智者，乃有正信。正信者信耆那教理及經典。解脫之因，首在正行。行在戒律。發五大願。一不殺，二不誑，三不盜，四不淫，五不有私財。每願皆有嚴厲之解釋。如不殺生者，凡五根（獸）四根（蜂）三根（蟻）二根（蟲）一根（植物）之生命等，均不應食。不飲冷水。以其中多有生命故。（參

第四章 耆那教與邪命外道 四七

看婆沙一四二卷），嚴立罰條。意業口業，均在罰中。而以行業爲最重。（釋迦則重意業。餘二次之。因此曾與尼犍子辯。見中阿含優婆離經。），凡諸戒律實即苦行。苦行禁制人欲在滅業因。令生智慧，得以獨存。尼犍陀之教，苦行外道也。中阿含尼乾（即尼犍子之別譯）經曰：

諸尼乾等如是見，如是說。謂人所受，皆因本作。（謂以前本來所作業），若其故業，因苦行滅，不造新者。則諸業盡。諸業盡已，則得苦盡。得苦盡已，則得苦邊。

而雜阿含第二十一亦稱尼犍子之徒曰：

我師尼犍子滅熾然法。淸淨超出，爲諸弟子說如是道。宿命之業，行苦行故，悉能吐之。

苦行或內或外。內者懺悔禪觀。禪觀者治心之法。心能定止。則業質之除滅易。禪觀有修無常觀修無依（無助）觀，修不淨觀，修漏觀，修守法觀，修世觀，修菩提觀。外者殘身。重參戒。或漸食。或一日不食。或二日不食。乃至多日不食。最上者不食自殺。解脫之旨在離諸苦。故命既解脫。必達至樂。爲無限智，無限見（參見長阿含沙門果經尼犍陀語），常人正智爲業所蔽。離繫成道。業已燒盡（苦行原字之義爲燒），得無餘智。同時遍照。淨寂長存。成阿羅漢。

佛陀尼犍，行蹟各殊。理論逕庭，然亦不乏相同之教。如重智慧，信輪迴均是。而以非吠陀祭祀爲最著。耆那教經有曰：

縛犧牲，（備祭祀）諸吠陀祭祀，皆罪惡之因。均不能令罪人解脫。蓋其業力尤甚大也。

人不因薙頭即爲沙門。不因唵字眞言，即爲婆羅門。不因林住即爲牟尼。不因着草衣即爲苦行者。

人能心定，即爲沙門，人能淸淨，（不淫）即爲婆羅門。因其智慧而稱牟尼。因其[illegible]苦，而稱爲苦行者。

尼犍陀深重業報。不信神權。故謂天亦輪轉。而世間之創始，則由五因（一時，二自然，三必然，四業，五欲行），非自在天（如基督教之所謂上帝）之力也。

耆那教與勝宗雖時間有先後，且勝論係婆羅門所認爲正統學說之一派。然其學說多相合。（一）二者皆信有我，且持我直接受行動感情之影響。（二）二宗均主因中無果。（三）均持積聚說，皆立極微。（四）均以實與德對立。較之數論吠檀多等，耆那教與勝宗實最相近。然其中有無傳後關係。史無確證。不可妄定。（耆那教人有言，勝宗爲彼教之支派者。惟二宗正宗外道之別。涇渭昭然。似不可混談。）

二

耆那經典，常稱有所謂阿什斐迦者，並言拘舍羅末迦黎子，與大雄並時行化，爲阿什斐迦之領袖。佛經亦間道及阿什斐迦。（增一部五之二七六頁），而拘舍羅與大雄（尼犍陀）同亦列入六師中。其學說見於寂志果（沙門果）經者，亦與阿什斐迦說相同。（阿什斐迦一字，中譯邪命。說者謂原意蓋斥其藉行道以謀生以自活其生命也。）

拘舍羅之父竹杖乞食。名末迦黎。生子於牛欄。因名之曰拘舍羅。拘舍羅壯年亦效其父之所爲，乞食遊行。偶遇大雄，强爲其徒。然因拘舍羅之欺詐，竟至絕交。拘舍羅遂立志僧迦。稱曰阿什斐迦。棲止於舍衛城一陶人婦家。十六年後，大雄偶至其地。聞拘舍羅之聲望。憤而暴露

第四章 耆那教與邪命外道 四九

其奸，遂相爭鬥。拘舍羅及其徒大敗，爲衆所棄。遂荒淫無度。六月而死。又十六年而大雄入涅槃。（上多據耆那經所載），據耆教經及佛典，大雄及拘舍羅意見多同。行爲亦相似。拘舍羅間立異說。其主張究若何，未可詳考。惟於佛陀尼犍書中散見。經西人韓萊搜譯，粗得其凡。

拘舍羅乃一堅持命運論者。如耆那教經謂拘舍羅曾曰：

無人力，無作，無力，無精進，無人勢。一切不變。均係前定。

而佛經亦言拘舍羅曰：

無因無緣，令有情，雜染。非因非緣，而有情雜染。無因無緣，令有情淸淨。非因非緣，而有情淸淨，無有自作，無他人作。無人可作，無力，無精進，無人力，無人勢。一切有情，一切衆生，一切活者，一切命者，無權無力，無精進。定合其自有性。而變於六勝生，受諸苦樂。……以如是斛量苦樂。於輪迴中。不可變換。無可增成。無可多少。如擲縷丸縷盡便住。如是若愚若智，流轉輪迴。乃能作苦盡邊際。

拘羅舍既力主一切前定。因否認道德。其行事遂亦蕩檢踰閑。釋迦常斥其教不淸淨。（中部一之五一四頁），彼師爲惡人。（增一部一之二八六頁），而大雄亦常謂其爲婦人之奴隸，肆行淫亂。

前定主義，於拘羅舍根本教義。一切有情均須經固定之程序時間。乃能作苦盡邊際。（邪命外道實主常見。俱舍論並謂邪命執極微常無生滅，俱舍光記卷七十言此邪命乃勝論師恐非是）如耆那經引拘舍羅語：

我如是見。——凡已完成未完成或將完成者。須經八百四十萬大刼。於此期中。均須依次轉生。七次爲天上神。七次世間入無想胎，七次世間入有想胎。而終須七次再生於不同之身體而於此輪迴除盡五業三業半業之効用。各依十萬六萬六百之比例。——如此乃達完成。

而長阿含沙門果經亦謂拘舍羅曰：

有十四億生門，又六萬生門，又六百生門。有五百種業，五業，三業，一業，半業。六十二行跡，六十二中劫，六勝生類，八大士地，四千九百種活命，四千九百種出家，四千九百種龍家，二千種根，三千地獄，三十六塵界，七有想藏，七無想藏，七離繫藏，七天，七人，七畢舍遮，七池，七波秋他，七百小波秋他，七險，七百小險，七夢，七百小夢，——於如是處，經七百四十萬大劫，苦愚若智，往來流轉，乃決定能作苦邊際。（大毗婆沙一九八載此文與此異且謂爲阿夷多說）

此中十四億生門者，生門如佛法中所謂胎卵濕化。此諸生門一切有情。共須盡受。不增不減。五業者或謂舉下屈伸行。或謂語手足大小門。三業卽語身意。一業指語業。半業指意業。（另有多說詳婆沙）八大士地者，如佛法中四靜慮四無色具功德處。彼道亦說有八梵勝處，名八大士地。活命者，（卽阿什法），指謀生之職業。塵界者如佛說之隨眠，有三十六，爲一切雜染依處。有想藏者，謂有想定。（韓萊謂藏者入胎有想藏爲有想所生卽人類），無想藏。謂無想定。離繫藏者，謂於諸定加行應離諸緊，攝心修習。七天七人七畢舍遮，彼說有情於天人及畢舍遮處七返往還。方得解脫。池者世間滅罪泉池。險者坑谷山岩河岸諸捨命滅罪險處。七夢七百夢者，彼說有情生處差別，大夢有一，小夢七百，所更所見，各各不同，一一有情，皆具經歷。大判者，前章已說。（上據大毗婆沙，有無可考者闕之）六勝生類之說。與耆那之教大同。據大毗婆沙曰：

六勝生類者，滿迦葉波外道，（即六師之富蘭那迦葉），施設六勝生類。謂黑青黃赤白極白生類差別。黑勝生類謂雜穢業者即屠膾等。青勝生類，謂餘在家活命。黃勝生類，謂餘出家活命。赤勝生類，謂沙門釋子。白勝生類，謂諸離繫。極白勝生，類謂難陀伐蹉（拘舍羅之黨徒），末塞羯利瞿賒利子（即末迦黎拘舍羅子音之轉）等。

錫蘭覺音釋沙門果經。謂六勝生類者，黑指屠膾等。（與上同），青指比丘釋子。赤指離繫。黃指在家裸體乞食者。白指邪命。極白指邪命領袖，謂難陀伐蹉及克沙闍克蹉與拘舍羅等。大毗婆沙所說，與此雖不同。然俱列拘舍羅於極白生類。則此說之屬於拘舍羅學說或可信也。（婆沙謂六勝生類爲富蘭那迦葉之說。則或迦葉亦拘舍羅之黨乎。）

據耆那典籍，拘舍羅爲三昧者。三昧者，如尼犍陀之或然主義。謂如是，非是，及亦是亦非是。例如有情可分三類。一已解脫者。二縛著者。三既非著縛者亦非實解脫。解脫須經八百四十萬大劫。拘舍羅自以爲屬於此類。而大雄等則指爲屬第三類。蓋彼等雖舍此世間。然實驕慢。不能解脫。（三類之說拘舍羅似謂之活命論。又彼言有四千九百種活命。活命者原字爲阿什法。阿什婆迦一字。或由此得名。）

拘舍羅又持於有情將解脫以前，須借體再生者七次。又有八最終之說。即最終歌，最終飲，最終舞，最終淫，最終暴雨，最終象，最終爭戰，最終論師。（指拘舍羅），又有四可飲四不可飲之說。凡此諸說均支離無謂。耆那教謂彼師等說此以飾其奸焉。

拘舍羅亦事苦行眩流俗。巴利中部三十六載，拘舍羅，難陀伐蹉，克沙闍克蹉之行事曰：雖服梁衫，祗手而食，（按大雄與拘舍羅俱守不有私財之戒。拘舍羅以爲缽亦私財因合掌就食，大雄則否），不食喚來食，候食不食，迻來不食，先備不食，不受請食，不食孰食，不受鍋食，不受門間食。不受薪間食，不受差食，不受夫婦二人中間食，不受孕婦食，不受乳婦食，不受曾共男淫之婦食，不受歡食，狗在中前不食其食，不受蠅家食，不食魚，不食肉，不飲酒，不食麥粥；或有乞食一家，受食量一握者，或乞食二握者，或乞食七家受七握者，受人益食，一次二次或乃七次，或一日食，或二日食，或僅七日一食，乃至半月一食。

拘舍羅一杖乞食，裸體苦行，然僅藉此以自活。其德荒淫。爲識者所共認。說者謂大雄初僅立四戒。（係承其師之說），後因拘舍羅縱慾。止於陶人婦家。遂加不淫爲第五戒。大雄與拘舍羅之爭辯分裂。蓋以戒律之遵行爲主因也。

拘舍羅死後，其教團命運不可攷見。惟至阿育王時代阿什斐迦之名三見於石刻。其二刻於石窟中。其一文曰：

　善見王（阿育王之尊號）即位十三年，贈此窟與阿什斐迦。

其一則刻於柱上。爲其即位後二十八年所立。

　朕已飭理教專吏，敬視僧迦（即佛教徒）之事。並及婆羅門阿什斐迦，尼犍陀，實及其他出家諸宗。

此後西歷紀元後第六世紀及第九第十第十三世紀。阿什斐迦亦間見於記載。惟通常謂此邪命之徒。即天衣宗。（耆那教二宗之一），而攷證二者之行事。（如裸體一杖等），亦多相同。意者當大雄與拘舍羅友善之時。大雄之徒稱尼犍陀。拘舍羅之徒號邪命。其後拘舍羅離去獨立。邪命之徒，或未全隨之去。而仍以耆那爲宗主。其後轉爲天衣宗，全教因之大分裂。而拘舍羅之教在其

第四章　耆那教與邪命外道　五三

死後，或即衰微也。

第五章　佛教之發展

前此所言，吠陀梵書，雖爲印度傳統之正宗。尼犍若提，雖有悠久之歷史。然其聲教之廣大，蓋均未有佛陀之教若也。佛教雖非印土之正教。而實足以代表印度之精神，雖在印土大陸滅絕。而其信徒猶遍布於東亞。若非其人其教眞有過人之處，曷克臻此。

佛陀本釋種，名悉達多，族姓爲喬達摩。（傳爲淨飯王太子），生於迦毗羅衛。出世八十載而涅槃，約與尼犍子拘舍羅同時。惟涅槃果在何年，則殊難攷。泰西論著，斷爲西歷紀元前四八、〇至四九〇年之間。其最確證據有二：一爲我國所傳紀元後四八九年之衆聖點記。依點記九七五上溯，則得紀元前四百八十六年。一依希臘所傳月護之年代及錫蘭大史及島史二書所言。蓋據希臘記載，謂月護即位之年爲紀元前三二一年。而其孫阿育王約於其後五十六年灌頂。據錫蘭之書，則阿育灌頂之年，在佛大涅槃二百一十八年之後。故證涅槃之歲爲紀元前四八三，即周敬王之三十七年。上溯八十年，則佛生於紀元前五六三。即周靈王九年也。

如佛生於周靈王九年，則實長於孔子十二歲。生二十九年而出家。（紀元前五二四），又十四年而成道，（五二八），行化於恆河流域（在其上游）者。又四十五年。佛未成道以前，初學於阿羅邏迦蘭及鬱陀迦羅摩子二仙人。歷諸苦，降羣魔，卒發明前人所未聞知之中道。有受其化耆爲憍陳如等五人。弟子之著名者爲舍利弗，目犍連，迦葉，優婆離，阿難等。佛出家爲沙門，故常受婆羅門之輕視，而與六師亦爭辯甚烈。有從弟提婆達多者，初爲信徒。後不慊於佛教之和易。叛教獨立。佛弟子一時頗受誘惑。其徒黨至我國晉時，沙門法顯遊履印土，見其猶有存者，唐時將玄奘亦見其寺廟。

釋迦牟尼（此譯能仁，與佛陀世尊如來等均爲尊號）之教，在其生時僅爲各沙門學派多種中之一。然不久即昌盛，執印度各派之牛耳。二百餘年後，阿育王至幾奉爲國教。此其故不僅在其教義之深宏。亦因其人格之偉大也。

佛陀一生事蹟及所說教，各方傳說不同，經近代學者考證，公認錫蘭所傳巴利文佛藏記載最爲近似。及至佛法演變既久，宗義分歧，欲整理蒐討，則中國所譯佛經實保留資料最多，藏文次之，梵文所存者頗少，但自爲可供參證之極重要材料。至若佛教密宗典籍。則自以西藏所存爲巨擘，佛教不但依其教化之廣被，歷史之悠久，而卽以其經典文字之複雜論，（除上述外，尚有中亞諸種語言及西夏蒙古滿州文等），實無疑爲世界最大宗教之一也。

本書注重印度佛教以外各宗，故本章所述，僅先略言佛陀說教與他宗不同之特殊精神，再敘其教化發展之概要。

佛法首重實用，重實用故重斷苦絕欲，重修證之方。戒、定、智慧均修證也。重實用不重空洞無謂人生解脫之理論。佛斥外道諸見，多在斥其空談也。箭喻經曰：（出中阿含此依巴利本意譯）住於梵行，非由諸見。或謂世非常，或謂世有限，或謂世無限，或謂命（指靈魂）與身同，或謂命與身異，或謂如來有終，或謂如來無終。——由此諸見。非謂卽住梵行。蓋雖持此諸見。然仍有生，仍有老，仍有病，仍有死，仍有愁哀苦憂懊惱。凡此現在諸事，乃習余之所欲去者也。

因以除去現世之生老病死愁哀苦憂懊惱，爲住梵行之鵠的。故最初佛法不重思辨，而在修道。因此卽涅槃之本體，亦未多有理論上之推究，而重滅苦解脫之實行。詳闡涅槃之體性，遂爲後世佛徒之事矣。佛陀既不重空談。亦不尙迷信，凡婆羅門祠祀卜占巫咒之術，均嘗佛所痛斥。（見第一章引長含語，日人大村西崖所著密敎發達志曾詳論此）。如增一阿含（卷十二），世尊告比丘有云，婆羅門咒術覆則妙，露則不妙。而如來法語露則妙，覆則不妙。又別譯雜阿含（卷十二），佛言婆羅設大祭祀求福，實則必得大罪。

復次釋迦處處以自身修養詔人。智慧所以滅痴（無明）去苦。禪定所以治心堅性。戒律所以持身絕外緣。至若神通雖爲禪定之果，雖爲俗衆所欣慕，並不爲佛所重視。長阿含堅固經曰：

佛復告堅固，我終不敎比丘爲婆羅門長者子居士而現神足上人法也。我但敎弟子於空閑處。靜默思道（神足者神通上人法猶言超人法術也。）

而戒律亦屏棄苦行，不似當時外道眩世駭俗，殘生太甚。徒勞身心，與修持無補。佛既於畢鉢羅樹下，證大菩提。於是至鹿苑初轉法輪。開宗明義，告五比丘曰：

出家人應避二邊。（趣於中道），或沈於私慾，卑陋俗鄙，至爲無益。或專苦自身，亦痛苦而無效也。

佛陀既不重苦行，與當時沙門頗異其趣。（如耆那及邪命），故提婆達多破僧。即倡言佛道之戒律既不免寬縱。遂云五法是道。八聖道則非眞道。五法者，一至壽盡著糞掃衣。二至壽盡，

第五章 佛教之發展 五七

印度哲學史略　五八

常乞食。三至壽盡，唯一坐食。四至壽盡，常露居。五至壽盡，不食一切魚肉血味鹽酥乳等。（見大毗婆沙一一六），五者爲較佛戒爲尤嚴峻。因此一時得衆之歡心。而誘其黨與叛教。至若佛立戒之深意則見於長阿含卷十二淸淨經。佛謂其所制定之衣食住藥要在能足，不在自苦。若有外道來責釋子，以樂自娛。當答曰：「有樂自娛，如來呵責。有樂自娛，如來稱譽。」，而殺盜縱欲，如來所呵責之樂也。禪定涅槃，如來所稱譽之樂也。是仍首重修證，苦行與放蕩而俱無實益也。

佛陀教化不但其宗旨與沙門婆羅門異，而其觀察方法亦與外道不同。佛陀教人向來主張如實知見（亦曰如是知），因如實知見，故同時諸外道所虛妄構想而全非事實者，須掃而空之。如外道均主有我，但果於身心密察，除壞滅之物質流動之心理外，何處有我，無我而執我，此因不如實知而自行虛妄構想也。因如實知見，而佛陀一生於宇宙人生作種種之分析，或分爲五蘊，或十二入，或十八界或十二因緣，其不憚煩作此詳密之分析，蓋欲從各方面如實知此有爲法之世間也。因佛以如實知見即爲契於實相之唯一方法，此知見即智慧即般若，而所謂禪定無非亦乃契於實相之方法。佛法大乘之眞如義，以及瑜伽宗之根本律「有則爲有，無則爲無」，蓋均爲佛陀基本方法之表現也。

佛陀教化不但其宗旨方法與諸沙門婆羅門異，而其教之要義尤與外道不同。佛教一生之精義基於三法印。三法印者，無常、苦、無我。（三法印或四法印各書所言不同，此據巴利經典）。因諸行無常故痛苦生。因五蘊非常，故曰無我。是以無常一義，最宜玩味。佛於鹿苑轉法輪。憍陳如比丘者首得解脫。無垢法眼，即於此起。謂「一切有因必須毀滅。」佛將涅槃，最終告誡。亦曰「生者必滅。」綜計釋迦偉大之教法，無不首在無常義之眞確認識。十二緣起，昭示無常之途徑也。五蘊昭示無常之我也。四諦則深悟無常之苦，以求解脫之道也。

然婆羅門人有謂自我常在，固爲邪見，而稱沙門如六師中有一切斷滅。死後無有，則爲惡見。蓋釋迦雖立無我，而仍深信輪轉業報之說。業報者就福善禍淫之說，而謂作業此生，依其自然牽引力（簡自在天外道），受果來世。（謂之異熟），作業必異熟。故前後生滅相續不絕。如火燎原，薪盡火傳。五蘊散滅，因業另聚。非常見亦非斷見。故佛自稱其說爲中道。中道者離於二邊，超於一切極端之學說也。佛陀在世嘗自稱其法爲聞所未聞。蓋世尊出家熟習諸道，知其缺陷，而於所徹悟之大法則篤信不疑也。佛陀既有卓絕之偉大人格，又有深契實相之特出宗義。故其初釋教雖與六師居同等地位，但不久而教化廣被，遠邁餘宗。

佛陀入滅後約二百餘年。（此據錫蘭所傳中國佛典則多言一百餘年），而阿育王（阿輸迦）盛弘其教。此二百年中教之大事有二：一爲結集，一爲分部。結集通常相傳有三次。第一次於佛寂訖在王舍城。有五百高會，共定聖典。第二次於佛般涅槃後百年。在毗舍離，有七百僧。第三次在波吒釐子。即在阿育王時。有一千比丘。所謂結集者、原謂誦出經典。意在依佛說，制定聖言。（其時無寫定之書，經典由口傳），而三次結集、均爲經典結集否、則無由考定。蓋結集之事，見於錫蘭中國印度西藏各種佛書。一切戒律，及玄奘所記均有之。其傳說至爲不一。大要其事蹟不免爲後人所附會。有所爲而增損其事實。其尤著者，如謂第一次結集經律論雜集禁咒五藏。（西域記），此顯爲密教發達以後之說，如謂第二次所結集者，亦有菩薩藏。（分別功德論第一），此顯爲大乘教興起後所傳。如謂第三次依分別說教，結集三藏。則顯爲錫蘭上座部之所傳。因彼

第五章 佛教之發展 五九

等爲分別說者也。故此第三結集不見於上座部以外各書。而至迦膩色迦王時，有結集說一切有部三藏之事，則尤非全體僧迦之結集矣。結集歷史，因極不可信。惟結集之所以舉行。必因對於戒律及學說有不同之意見。而聚衆制定，俾得齊一。佛沒後異說漸起，而致諸部分立。則結集之事。雖不能決定其次數事實。然要亦未可視爲全屬子虛也。

現存巴利文中文藏文佛經中，多言佛說原分上座大衆二部，由此而漸分爲十八部。惟十八部之名稱及其傳授之次第則至不一。茲僅列中譯異部宗輪論之說如下：

（1）大衆
- （3）一說
- （4）出世
- （5）雞胤
- （6）多聞
- （7）說假
- （8）制多山
- （9）西山
- （10）北山

- （2）上座部
  - （a）雪山
  - （11）一切有（又名說因）
    - （12）犢子
      - （13）法上
      - （14）賢冑
      - （15）正量
      - （16）密林山
    - （17）化地
      - （18）法藏
    - （19）飲光（又名善歲）
    - （20）經量（又名說轉）

依此所謂十八部者乃指除大衆上座二根本分部外而言。其雪山部即上座部分出一切有部以後。勢力大弱，住於雪山。故得此名。

部之原字，義即爲說。說一切有者，實即言一切有說。（如現言唯心說等）、亦即謂一切有部，故部者原實僅意見之紛歧。其於戒律意見之不同自亦有行爲之不同。（參看寄歸傳卷一），然所謂十八部者究屬同一僧伽。分部固非破僧也。分部之歷史傳說不一。蓋或由各部自張其軍，故有附會。而經時既久諸部勢力消長，學說變遷，自或亦起不同之傳說。今日若欲攷證各部分裂之歷史蓋甚難也。

分部由於意見之紛歧。意見之紛歧有二。（一）戒律推行既久既廣。自有變遷增損。因而生異見。據錫蘭所傳，第二結集乃上座耶舍見跋耆比丘實踐所爲非法而起教內之爭。所爭者爲戒律之十事。（第一角鹽淨，第二二指淨，第三他聚落淨，第四住處淨，第五贊同淨、第六所習淨、第七不攢

第五章 佛教之發展

六一

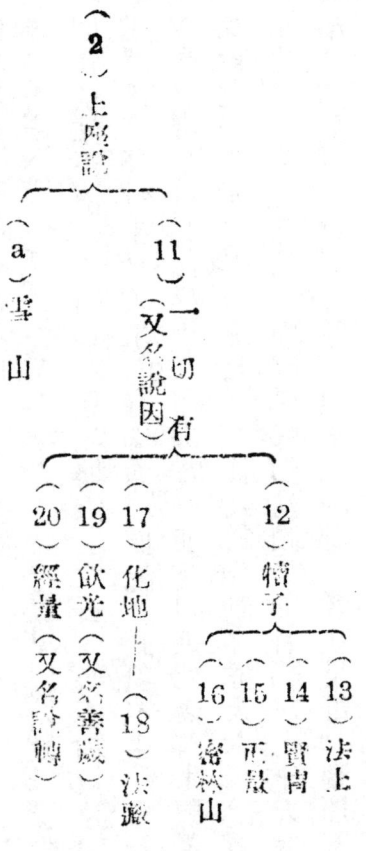

印度哲學史略　六二

指淨、第八飲闍樓疑淨、第九無緣坐具淨、第十金銀淨。），因爲召衆共決結集戒律。長老上座判跋耆等所行非法。跋耆之黨，別爲一團，爲大衆部。而長老一派，乃名上座云。而據梁僧佑所述。分部或五或十八。均由戒律之互異。（見佑錄三），（二）學說或因釋迦所未明言，後人各依意爲解釋。或因受流行外道之影響，而內學亦生變化。此則至爲重要。然因史料不備，未經整理，至爲難言。據世友異部宗輪論。（及婆沙等），謂阿育王時，有大天者。妄言五事。（一餘所誘、二無知、三猶預、四他令入、五道同聲起、），於教理上持異義，爲上座所呵。後因分爲上座大衆二部。大衆蓋謂大天之徒黨也。大天五事，亦見於巴利文阿毗達磨中之論事論。見第二卷之首五段。言爲東山西山部所執。此諸部蓋即大衆部之支末。故世友書所載，亦有所本也。

戒律之不同，雖亦爲分部之原因。而教理之異執，則於分部更爲重要。佛說之所以分爲小乘十八部，又由小乘演化爲大乘，蓋多源於理論之研討。依今所知，其所研討之最重要問題有四。一佛陀論。二阿羅漢。三諸法所依。四諸法之分析。

佛教之衆說，上座大衆之分立，大乘小乘之對峙，蓋首由於佛陀觀念之不同。緣釋迦在世，斷除我慢，涅槃時明言依法不依人。對其本身之地位之性質，必不加以銓釋。然因輪迴說而對於佛之本生，加以推求。因讚頌佛生之故事而有瑞應之傳說。此項本生故事及瑞應傳說，雖經後人附會，與時俱增。而二者之發生則必甚早。又在佛時，即有如來死後有生與否之疑問。因此等問題，起玄理之探討。及釋迦既入滅。其教漸昌。其徒對於先師之偉大人格，更爲尊崇。因本生瑞應，而欲使釋尊經神話化。因玄理探求，而終謂佛即法體。前者約爲上座大衆分別之主因。後者爲小乘大乘差別之大事。據異部宗輪論，謂大衆部一說部，說出世部，鷄胤部之根本義如下。「一切如來無有漏法。諸如來語，皆轉法輪。佛以一音說一切法。世尊所說，無不如義。如來色身，實無邊際。如來威力，亦無邊際。諸佛壽量，亦無邊際」等語，總之，彼等謂佛陀亦世間凡人，故曰：「諸佛世尊皆是出世。」，出世部者，蓋大衆部之分支以執世尊出世。因得部名。現存梵文佛經，有書名大事者。出世部律藏之一部。其中書有多數佛。、如上言一切如來等卽同執而中譯增一阿含係大衆部經中稱目蓮往見尸棄佛云云），非血肉生，乃意生身。不飢不渴，無肉慾，其妻爲處女。爲人類故，隨世俗故，而行動如人。或令世信其爲人。但實則超出此世。而據西藏所傳，亦謂一說部曰諸佛出世。如來不限於世間法等語。大都與上所言相同。故大衆部執，蓋根本以佛陀觀而與上座相違也。因佛身之出世說後與眞如諸法實相發生關係。而佛身卽爲法身。如是有大乘教之三身說如來藏說。且佛陀受後世之極端推崇。復因佛教受印度神教之影響，而有佛之崇拜。由此而有生補處，及安樂土（淨土）諸信仰生焉。（宗輪論載於施佛及禮塔（窣堵波）化地法藏二部所執不同）。

佛教前後教義之不同。亦可自所達之果見之。最初佛教終的在得阿羅漢果。其後因漸執阿羅漢，亦有所限。如大天謂阿羅漢可爲天魔所誘，化作不淨。(餘所誘)，於男女等名氏等不必能了知。（無知），遂不能不有疑。（猶預），而須他人宣示。（他令入）——此大天五事之前四。——因而有執阿羅漢有退者。又一方因菩提薩陲（簡曰菩薩）觀念之發展。而漸謂教徒之最終目的，不在求阿羅漢果，而在成佛。故出世部大事一書。卽有十地一章。十地者蓋菩薩成佛之程序也。故宗輪論謂大衆部出世部等謂第八地中亦得久住是也。及至大乘教，則指趣阿羅漢者爲聲聞教，而大乘則意專在成佛。

印度 哲學史略

無我一義，爲佛陀三法印之一。輪迴歷刼，而無恆常之我。後人滯於此見，必求諸法所依。此若無者。云何得有憶識誦習恩怨等事。誰能造業。誰復受果。誰於生死輪迴諸趣。誰復厭苦求至涅槃。因而犢子部正量部等施設補特伽羅。補特伽羅，非離五蘊，非卽五蘊。輪迴中待此爲此世與後世之關聯。故曰中有。此外若大衆部立根本識。上座部分別論者立有分識。化地部計窮生死蘊。經部執一味蘊。以至唯識之阿賴耶識，均在此解釋諸法所依之如何也。

佛陀在世，常分析諸法。以見宇宙人生之實相。如是分析法相，而有蘊處界，分析心法，而有諸識及心所等。分析人生，而有十二因緣。分析諸苦，而有隨眠蓋縛等。分析道諦而有戒定慧等。因而其名相須整理，其精義須銓釋。列名相者，如阿含經中，有十法經，而阿毗達磨之詳陳諸法者亦爲之。如錫蘭之法集論（論藏之第一種），迦旃延羅之發智論等是矣。其銓釋精義者，則如阿毗達磨之宣暢宗義者。如清淨道論，及毗婆沙等是矣。因整理詮釋，而生甚多問題。如蘊處假實之異義。心性淨染之推求。三世法有無之爭論。苦之假實，蘊之常斷，亦均爲諍論之事。皆見於宗輪論者也。因異執紛繁，逐時興起，而佛教先後學說之不同，遂甚爲顯著。如初則有大衆之言過未無體，次則有一說部世出世法皆無實體但有假名，（宗輪論述記）。次則有大乘之無相皆空。蓋因諸法之詳細硏析，而學說因以衍進也。

上述四端不過爲總攝紛紜之變化而舉其首要者四事。其實細分之自不只此。又此四者自互有關涉。如大乘之菩薩觀念自受佛陀觀念發展之影響。而分析諸法自與諸法所依問題有極密切之關係也。又除所述佛教自身因戒律論理分歧而生變化以外當亦受外道之影響。第一佛教因與外道辯論而發明若干問題與理論。第二佛教之宗派不免因時代學風之變化，而頗採外人之學說。（如因明）

佛學變遷雖極繁賾，但實可分爲二大系統。一則自小乘之大衆部以至大乘之空宗。二則小乘之上座部演化以至經部（經量），再進爲大乘法相唯識之有宗。大衆部一系蓋佛教中激進派。其宗旨疑在發揮佛說之精神而不拘拘於文字。大衆部之領袖爲大天。察關於彼之故事，疑爲奔放不羈之人物。其解釋舊說甚自由（見宗輪論述記及毗婆沙一九八），大不爲教中長老所喜。因大天之立異，而分爲根本二部。一爲大天青年黨徒之大衆部。一爲反大天之長老所領率之門徒，其性質重在保守，名爲上座部。自此以後，大衆一系因闡發佛說之精神而注重法性之體認，而漸偏於談空。上座一系因研討經教之文義而注重法相之分析，故趨於說有。

大衆部者初行於南印度，巴利文所傳之案達羅諸部謂出於此部。此諸部學說，近於空宗，亦行於南印度。而般若方等之流布原亦在南印度。佛說之根本義原由無常而說無我。又由無我而有因緣和合而生滅義。大衆部主過未無體，刹那生滅。一說部說世出世法，皆無實體。說假部謂十二處非眞實。此外謂屬於多聞部之成實論明人法二空。唯成實論雖受大乘影響仍屬小乘分析空，且謂空相而不空性。再上則有大乘中觀之妙有空，並性相皆空。此蓋明爲一系之發展。小乘大衆部以說空宗固是一貫也。

根本上座部之宗義不詳。但錫蘭上座部主分別諸法，而又稱爲分別說。一切有部說七十五法。其後諸師對諸法詳加辨析。此派典籍最富於辨析名相之阿毗曇。但流衍既久，不免流於支節而漸遠於佛之根本義。故具智慧之大師稍批評此宗舊義以期恢復佛陀之原有精神。因此而有經量部出。此部依經而不依阿毗曇。一切有部執七十五法實有，至經部而認爲其一部分非實有，且謂過去未來之法亦非實有。（與大衆同），又原信此宗者至經部出世時有極受空宗學說之影響者。（經部人恐即已如此），乃就一切有部之舊有體系加以訂定，而置其全部於空宗之基礎上。（此指無著世親二大師），乃成立法相唯識之學。故吾人如由法相之百法上溯至一切有部之七十五法其關聯至爲明顯也。此外則（一）因上座部主本體實有，而引出有分識（錫蘭上座部）窮生死蘊（化地部）一味蘊（經部）諸說。此下則接法相宗之阿賴耶識。（二）關於知覺學說，一切有部主緣實體，經部主緣假，且可緣無。再後自可有見相不離之唯識學說。由此言之，上座部系統由一切有部進而爲法相唯識之學固亦是一貫也。

佛教全部教理最爲浩博，千頭萬緒難以略說。而佛教固我國學術之一部分，尤應加詳。故此書只簡述爲此章，而印度佛教史當另爲一書焉。（參看呂澂，印度佛教史略，商務印書館出版）。

第六章　婆羅門教之變遷

當佛陀出世之際，印度學說顯分爲二大系統。一爲沙門諸道。（第三章），大雄之苦行解脫，（第四章），釋迦之智慧涅槃，（第五章），爲其中巨擘。一爲婆羅門系。上承黎俱吠陀，本夜珠吠陀及梵書之精神，而有主祭祀之婆羅門教。（第二章），彼教之流弊，一在其僅尚外儀，輕蔑心性之修證。救此而別出奧義書。（第二章）明人生之本源，從智慧趣解脫。而其後六論興焉。（第七至十二章），一在唯尚祭祀。不重天神之信仰。救此弊而漸有新神教之興起。（本章），崇拜神祇之威權。從信仰得解脫。而卒蔚爲印度教。沙門團體亦由見婆羅門人之流弊。而與吠陀居反對地位。自佛陀之後數百年與六論等並行於印度，而影響遠及於四方者。則爲佛教之諸派 。（亦在第五章）

印度文學中有二大記事詩焉。第一爲大博羅他記事詩。全詩約在十萬首盧迦以上。分爲十九卷。其第十九卷實爲附錄。各卷之長短不等。全詩叙博羅他族之戰爭。蓋往昔有博羅他王者，其裔有拘留及盤豆二家族因爭王位而鬥。戰事蓋經十八日。此事約佔二萬首盧迦。餘則雜以神仙帝王之故事，宇宙源起之神話。復有哲理宗教法律之討究。常至長冗。幾使讀者忘其與戰事有何關涉。蓋全部以戰爭爲線索，經展轉附益。既非出一人手筆。又經數百年之時間。其紀載之戰史。蓋發生於西曆紀元前七百年以前。而其書之完成亦必在紀元後第五世紀以前。（其證明爲第五充紀之石刻。而我國晉末所譯佛經大毗婆沙已有二紀事詩之名），或即在第二世紀。易言之即自佛陀時代，至迦膩色迦王（馬鳴）後二百年中本詩漸漸構成。故此詩實蘊蓄佛教興起後八百年中之思想。

第二為邏摩衍拏。約有二萬四千首盧迦，分為七卷。載邏摩與私多之故事。而亦多所穿插。論者謂其約起源於紀元前五世紀。而終成於二世紀以後，二大紀事詩，後人因其曾尊崇韋紐天。（但亦尊他天），而謂為韋紐天派之聖典。故印度神教於此已見其端緒。惟大博羅他則頗存哲論。實婆羅門六論濫觴。而以其中所謂四哲學書為最著。四者在該書中之卷數列下。

卷五　章四十至四十五　Sanatsujatiya　（沙那蘇闍提、人名）

卷六　章二十五至四十二　Bhragavadgita　（世尊歌）

卷十二　章一七二至三六七　MoKshadharms　（解脫法）

卷十四　章十六至五十一　Amrgita　（隨歌）

紀事詩者，婆羅門人之書也。然其教與梵書之婆羅門教異趣。溯邃古以來，先有黎俱吠陀之宗教。中有梵書之婆羅門教。後有紀事詩之神教。最後則由此衍為印度教。茲章略述梵書時代以後神教之變遷。多取材於紀事詩。爰以四事說之。一變遷之原因。二教律之加密。三新神之漸起。四世尊歌之要義。

（甲）變遷之原因　紀事詩祇認吠陀為聖言。於沙門外道多所攻擊。世尊歌曰：「但無知不相信者，疑難滿衷，必趣壞滅。無此世，亦無他世，於彼心疑者，必無幸福。」（四之四十）無此世亦無彼世，蓋引沙門之言。佛陀尼犍亦為其所詆。斥（如曰棄諸吠陀，遊行乞食，剃頭著黃衫，則指釋子也。）大博羅他詩中。似於僧人祭祀，均可毀謗，而非難吠陀，則爲極惡之不認者，（nastia），必墮地獄。蓋自梵書以來。婆羅門人，吠陀之正宗，深受異計繁興之威脅。適應新生環境。其教遂不得不變更。而紀元前三百年來，有希臘塞種暨月氏之侵入，文化接觸，亦當對於婆羅門教有影響，而雅利安人僉居天竺，爲時既久。宗教雖爲僧人所把持。然因土著民族，魔教漸盛，淩假而上等人亦染其風。阿闥婆之立爲第四吠陀，可證也。因之上古神教，不覺演化爲新宗教，（印度教），新學說。（六論），此均於紀事詩中見其端也。

計沙門興起以後，時代精神影響於婆羅門教之大事有三。一曰瑜伽。無量苦身之法，禪定治心之法，爲大博羅他所特重。婆羅門舊教以祭祀驅使天神。今則易以瑜伽。由此得致神通。天神幾爲瑜珈人之玩物。行爲悉視其意旨。二曰魔術，神通本屬魔術。而曼陀羅（咒語）之效力尤大。阿闥婆吠陀爲魔教之書。而崇拜韋紐天首見其中。（見前）則魔術與新神教固有深切之關係也。三曰汎神說。（萬有神教）黎俱吠陀主多神。阿闥婆吠陀及下等人宗教主多魔。汎神之說，因哲理之探討，而導始於黎俱第十卷。發展於奧義書。此雖與普通信仰涇渭分途。然亦漸混合爲一潮流。故韋紐尸婆之教，亦當帶汎神之彩色。如世尊歌稱黑神（謂爲韋紐天之化身）曰：「如大風行至各地，不離空間。一切衆生於我依住，亦復如是。」（我者神自稱見九章之六）

（乙）教律之加密　梵書時代，僧人敗德。在紀事詩中亦然。給僧以金，爲無上功德。貪鄙縱慾，奢侈驕慢，仍如佛陀所深痛。整理裁制，法律專書因之以興。吠陀典籍最後有經書。經書常依其性質分爲六類。所謂六吠陀分也。一式叉論。（字音之書）。二闡陀論。（釋詩之音韻），三毗迦羅論。（文法），四尼鹿多論。（釋名字源流），五監底沙論。（天文），六柯刺波論。（祭祀之法），法

第六章　婆羅門教之變遷　六九

律蓋常屬於經之第六類。所謂法經是也。法經原意在制定祀法。如現在最古之喬達摩法論。關係婆羅門人編訂之宗教法律，然教律恆與民俗有密切關係。如僧人之威權，衍為階級制度。而階級制度基於婚姻之法。因帝王為政治元首。政教相涉。而須定王者之職權。僧人因漸有權編定法典。合教法政法為一。所謂法論者，遂採用宗教之範圍。如摩奴法典是矣。（摩奴法典約成於紀事詩時代。為印土所最尊崇。即緬甸暹羅爪哇亦共遵之。）

婆羅門人道德之敗壞，法典中嘗加以裁制。衆生由罪惡而滅亡。罪惡者如嗔、喜、怒、貪、疑、僞、誑、妬、慢、害、詈、不克制官感，不攝治其心皆是也。（Apastamba 法論一之八之三七），僧人有十戒。自足、忍、節制、不盜、清淨、制官感、智慧、知識（知神我）、眞實、離嗔。而四階級應共守之規律有五，勿殺生、不誑語、不盜、清淨、制官感。（摩奴六之九二及十之六三），而法律中於四努力尤為詳盡。梵行時（即求學時）則須尊師勤讀（讀吠陀），職責禮儀，均應奉行。在家、林住、及比丘時，亦各有嚴密之規條。而法律又常特為宗教作保障。摩奴法典承認吠陀祠祀。而階級制度則謂為出自神意。（一之三十一）婆羅門因得握宗教政治之立法威權。經沙門外道之攻擊，而仍能復興。蓋亦此之由也。

(丙)新神之漸起。在梵書時代吠陀神祇，已不為僧人所重視，其後佛陀視神為六道輪迴之一。奧義書亦另立梵我之說。二者雖不廢舊神，而天之地位實與人獸無異。紀事詩中猶存黎俱吠陀諸大神。而漸降為新神之附庸。阿耆尼或指為韋紐之子，或指為濕婆之化身。最偉大之伐龍那，墮落而加入人類之戰爭。因陀羅在佛經中，稱為天帝釋。其性質亦殊異。須摩演為月神。其威權乃奈失墜。大博羅他詩中曾曰：「諸神之花鬘已凋殘。其威烈已去。」（見一之三十之三七），紀

印度 哲學史略 七〇

事詩時代新興之神。實以濕婆天與韋紐天爲最著。

濕婆天者出於黎俱吠陀之嚕陀羅神。原代表暴虐之天象。至阿闥婆吠陀，則稱爲畜類之主。尊爲主要之神，在由誰奧義書，始有烏魔女神之名。（見前），然未言其爲濕婆之妃。在大博羅中，濕婆崇拜始爲主要宗派。彼有強力，躁怒剛烈，然亦好施與。向之需索，無有所吝。與其妻烏磨居雪山上，有徒衆環繞。具最高天神之一切性質。陵訶（男生殖器）爲其象徵。世人崇拜之。其名又爲大天爲商羯羅。（參看因明大疏卷二，）又名獸主。或大自在。故在紀事詩中稱有五派。而獸主派居其一。我國佛典常稱之爲大自在天派。（百論疏之摩醯首羅天），月氏國王閻膏珍自稱爲彼教之信徒。則約紀元前一世紀，此教已盛矣。

獸主一派之教義，紀事詩未詳言。惟據後人所述。約爲五義。（一）所作。（義譯爲果），此有三。知識惑官及自我是也。獸主原因爲播輸鉢多。播輸中譯爲獸。實指人獸之有生命者。所謂自我（靈魂）是也，（二）能作。（因），即爲濕婆。即爲獸主之主，（鉢提），世界人類之造作滅破，均依於彼。（三）瑜伽。用禪定等，使自我歸入濕婆。（四）規律。可納人於正。如須每日三次塗自身以灰。或臥灰中。（故有塗灰外道之名）。（四）盡苦。此有二途。一盡苦邊際。二得五神通。

濕婆之妻烏磨，又名突迦，原爲印度南方頻闍訶山野蠻人所奉之女神。最爲兇惡。專司破壞。故又名迦利（義爲黑即破壞之謂），迦婆利，（戴髑髏者），闍地，（兇暴）。摩訶迦利。（大破壞者）。烏磨之崇拜爲精力教之始。本非出於雅利安人。而陵訶之崇拜，原亦出自土著蠻族。後爲雅利安人所採用者。大博羅他紀事詩主要之教派，則在崇拜韋紐天。有所謂世尊派者，其徒奉婆蘇提婆。而克利須那（黑神）原爲上古名哲。亦演化爲彼天之別名。二者均不屬第一階級。或且不出於雅利安族。然其後婆羅門人，因此派强盛。而稱其所崇拜者，卽韋紐天。（名見黎俱吠陀），此天通稱爲世尊。（參看百論疏三），宗派因之得名。其教唯敬世尊，故稱之曰一邊法。（一神教），一切生命爲其所創造。詩中尊黑神時有曰，自其蓮花臍，梵天生焉。自其怒額，濕婆生焉，（三之十二之三七），婆蘇天爲最上生命。爲一切生命之根。「凡敬愛我者，歸入於我。而得解脫。」（智度論引彼教曰，愛之令所願皆得。惡之令七世皆滅。），韋紐與濕婆均號爲天中天。或天中第一天。此教之經典曰，Panca—ratra（譯謂五夜），亦見於博羅他中，韋紐天教之世尊派出世甚早。紀云前第二世紀希臘人 Heliodoros 信奉之。（見於近來發見之石刻）據近人考證。此宗本爲沙徒搭(Sattuata)人之信仰。在印度西北。而獸主派爲月氏王所信。亦在迦濕彌羅。（希臘使臣梅迦斯屯尼之言亦可爲證）。蓋當印土東方沙門外道風起雲湧之時。西方婆羅門亦受新神之影響，而大變其面目也。紀事詩中所述韋紐濕婆二派之教理，頗不一致。有時似僧佉論，有時似吠檀多。蓋新神教與新哲理並起常相相交融。二教主一神，因亦常染有汎神之說。故始有顯著之垂迹觀念。謂諸神乃最上天神之化身。惟歸納諸神於三天：（梵天及韋紐濕婆等），均由一本垂迹。則後來印度教之要義。不見於紀事詩中。（百論疏三疑該論何故不列入梵天而言二身，乃爲之解釋。實則其時梵天之地位及三身之說猶未顯著也），二派之教義最可注意者，則在特重信仰。衆生之運命繫於神之意旨。「凡天之所加惠者，可與相見。」（大博羅他十二之三三七），衆生須對於天神有熱烈之信仰。（大博羅他那羅延段載婆蘇天非祭祀者苦行者所可得見。惟尊仰者乃可見之云，），印度分解脫之道爲三：（一）業之道，婆羅門之祭祀是矣。

（二）智慧之道。奧義書之哲理是矣，（三）信仰之道，著名者爲近世之印度教。而於大博羅他詩，固已見其端緒也。

（丁）世尊歌之要義　世尊歌者，印土最有名之哲理詩篇。至今猶家傳戶誦，視爲聖典，原在大博羅他之卷六中。都十八章。叙克利須那王子與阿勇那王子之問答。克利須那傳爲韋紐天之化身。故謂之曰世尊歌。

博羅他族之裔，因爭王位，至以兵戎相見，當二軍對陣盤豆族王子阿勇那乘車至陣前，而克利須那爲御者。阿勇那見父兄子弟姻婭友朋將相殘殺，頓生悲心，謂寧可自殺。不忍傷害親戚。寧棄王位，不願戰勝。克須那告以自我常存。非兵刃所能傷。（下依意節譯原文）常住之體，不能毀滅。無生無死，無將來。無過去。如思殺人或爲人殺，均非眞知。彼不能殺，亦不被殺。如捨敝衣，別著新者。自我離此衰朽軀殼，別就新者，正復相同。人能體驗此常存之自我，乃可超出生死。體驗之方，首在蠲驅私欲。人生世間，作業由天賦。不可有所爲而爲。亦不可有所爲而不爲。非由不作，可壞業力。亦非僅由出離，乃得成就。宇宙本由業縛。解脫之道，不在靜止。而在作業，屛除貪慢。無所執着。武士以戰爭爲天職。故意不戰，實爲罪惡。無著一義，至爲深遠。世尊歌於此三致意焉。

世尊歌之出世，當釋迦布教之前後。其時吠陀諸神，已不能維繫人心。婆羅門祭祀，又重形式，極煩瑣。與普通信仰相逕庭。佛陀大雄則更以人獸與天神等量齊觀。苦行方法，殘生太甚。至若依智慧解脫。則又非下愚羣衆所堪了悟。薄伽梵歌，特提出信仰一義示人。信仰本在人心，不假外鑠。循此熱烈情感之活動。人可與萬物同體，與天帝合而爲一。在卷十一克利須那突然顯示其魁

第六章　婆羅門教之變遷　七三

密眞身。雖具身形，而無量限。無端，無末，亦無中間。人天衆生，悉包其中。於是復告阿勇那曰：汝所見余之身，至難得見。卽神祇亦常希望見之。（而不得），非由吠陀，非由苦行，非由布施、非由祠祀、我可被見如汝所見者。唯由篤信，我則可知。則可見其眞。可與我爲一。若能作事，（業也），能全依託我，能篤信我，無所執着，不懷瞋恨，乃可歸我。世尊歌盡執一邊法。（一元），宇宙爲一大我，衆生有自我精神。無執着以作業。（業解脫道）。悟澈天地密意。（智解脫道），自證本源，攝芥子爲須瀰。令小我合於最上大我。達此境界。作業智慧，實爲助因。而要須能誠心悅服，以世界精神爲自我本來所寄託，是卽篤信之解脫說也。

第七章 數論

數論者，梵云僧佉論，印度婆羅門正宗六論之一。其教不知果始於何時，然必出世甚早，且經頗久之變遷。至西歷紀元後約第十四世紀，始有僧佉經之確立。相傳其初祖爲迦毗羅仙人。迦毗羅一字曾見於白騎奧義書。然詳其文義不必即爲人名。而此仙事蹟見於大博羅他紀事詩等書者亦悉爲神話難信。迦毗羅傳弟子阿修利，（見金七十論），阿修利傳般遮尸伽，（金七十論亦作般尸訶），譯謂五頂。爲僧佉大師。其學說散見大博羅他紀事詩諸書中。其後有毗利沙迦那者，譯曰雨衆，亦甚知名。佛典中至常有稱數論爲雨衆外道云。又有自在黑者，作七十頌。即中譯金七十論之本頌也。又據婆藪盤豆（世親）傳，雨衆之弟子有名頻闍訶婆娑者。則曾與世親爭論失敗，憤懣而死。而唯識述記卷四稱有金耳國外道造七十頌申數論宗。日人高楠順次郞，曾考此頻闍訶婆娑。即金耳國外道亦即爲自在黑，而金七十論稱其師爲跋婆利，則爲跋利娑（梵文雨字）一字之訛，即指雨衆。其文詳而甚辯。然據近來在印土發見之金七十論梵本，跋婆利當爲踶婆利（大博羅他紀事詩載阿斯多踶婆利者亦數論師，且略述其學）之訛。似非雨衆。而 Gunaratna 之書，似又指自在黑與頻闍訶婆娑爲二人。則高楠之說，或非眞諦也。

論以數名，不知何解，僧佉（即數）一字，亦曾見白騎奧義書中，其義爲審擇。因與瑜伽一名並列。有釋者謂爲禪之異名。百論疏三曰：「僧佉此云制數論。明一切法不出二十五諦。故一

印度 哲學史略 七六

切法攝入二十五諦中。名爲制數論」。唯識述記四曰：「僧佉此翻爲數。即智慧數。數度諸法，根本立名。從數起論，名爲數論。論能生數，亦曰數論。」，此諸詮釋，若以僧佉原義考，或以述記數度之說爲最允當。惟大博羅他詩中，屢言數者數算也。於諦一一數之，盡二十五諦。則可解脫。

數論經典首重僧佉經及僧佉頌。印度六論，論各奉經爲正典。故晚近數論視經典爲最要。經雖傳爲迦毗羅所作。（凡五六二頌），其成立實在西歷紀元後十四世紀。而僧佉頌則甚早。僧佉頌者，則自在黑之七十頌。我國大藏經中之金七十論。爲陳時眞諦所譯。其長行乃七十頌之釋論，不悉何人所作。近印人發現 Mathara-vrtti 一書，謂爲該論之梵文原本。在印土所傳七十頌釋者有數人，而以 Gaudapada 所作最通行。此與金七十論，文義大同。或同出一源。（此下中譯釋論稱金七十論，梵文 Gaudapada 釋論簡稱僧佉頌釋），七十頌之作成，必在世親以前。（因世親曾造七十眞實論以破之，詳見世親傳），而再前則又有恰拉克 Caraka 醫書中所傳之數論。至九世紀婆恰斯巴提密斯拉爲之作釋，名曰明諦論(Tattva Kaumudi)，至若僧佉經之釋，則以識比丘 Vijnana Bhiksu 所著爲最要云。

玆篇所述：（一）於奥義書以後數論之變遷，稍有論列。（二）於數論學說，則據經頌舉其要義云。

一

僧佉學說在奥義書中雖未成熟。而後來觀念大具於是。迦塔奥義書爲早期作品。（約在佛陀之前），此中有非祭祀之言（一之三謂獻牝牛而升上天則上天爲無可樂之土），似金七十論卷上所說。而如其三之十至十一曰：

根上有其境。 境之上爲心。 心上則有覺。
覺之上大我。 大上不變易。 再上則神我。
此上更無物。 斯即爲終道。

其六之七至八亦曰：

高於諸根者爲心。 高於心者爲薩埵。
超於薩埵爲大我。 高於大我爲不變。
但高於不變者爲神我。 充遍且毫無相。
知此者人得解脫。 可得不死。

此中不但含二十五諦諸名辭。（如根、心、覺、不變易、神我等。），且列轉變之程序，與後來數論之精神大同。所謂不變易者，後即謂爲自性。言自性出於神我。則同恰拉克之說。均早期數論之教理也。（似此學說亦見於波羅尸那奧義書）

數論學理見於白騎奧義書（晚期之作）者更多。例如其四之五曰：

有一牝羊。 赤白且黑。 生子孔多。
酷肖其母。 一牡愛之。 同之歡樂。
又一牡羊。 樂後捨去。

商羯羅釋曰：赤白黑者爲喜憂闇三德。牝指自性，能生一切。牡爲神我。隨之入世。受世間樂。

至埵帝利奧義書。而薩陲羅闍多磨三語始同見。且陳述三德之來源。謂最初唯有闇。智田之名亦見於本篇。（亦見白騎奧義書），闇者指自性。（故自性名爲冥諦），智田者，神我之別名。此實數論最早之教義。如金七十論曰：

伽毗羅仙人爲阿修利略說如此。最初唯闇生。闇中有智田。（神我與自性同源恰拉克亦如是說可見此說甚早），智田即是人（人謂神我）。有人未有智。故稱爲田。次迴轉（神我輪轉）變易。（自性變易）此第一轉生。乃至解脫。（世親佛性論卷一曾節引此段）

此說雖納神我自性於一元。而數論教義至埵帝利奧義書出世時，（在佛陀後），當已規模略具矣。大博羅他紀事詩中有所謂四哲學書。其陳述學說，匯集各派。且互混雜。數論學說雖亦散見在各處，然其時彼論想尙在醞釀，未成系統，論者謂其中有一元之數論，則早期未完成之說。二元對立（自性神我）明二十五諦，則晚期之說。早期之說主一元。如本詩中之世尊歌七之四至五謂自性之上有神我，解脫法品二一九記般遮尸伽之說，亦主一元。論者遂多疑其述吠檀多學。（主一元），非數論之眞。然據金七十論等書，均言般遮尸伽爲數論大師。而近印人考證主恰拉克所傳實早期之數論。（此說學者亦有持異議者），解脫法品所載，雖甚簡略。然已可見其說與恰拉克所述相同。故實亦數論發祥之學說。用特約陳恰拉克所言之特點如次。」：（一）自性有變易之部，謂之爲田。自性有不變易之部，即是神我。名曰智田。（即知田者），智田即是思。（佛典常數論執我是思），從此生覺。從覺生我慢。從我慢生五大及根。若是則宇宙轉變完成。及至刼滅。則均返於自性。（二）神我遍滿是常。無始，無因，無識。一切知覺均神我與五知根及心結合而生。感情（苦樂等）動作亦均因此而有。（三）神我與餘諦（覺慢根心大等）結合。純由自意。（參見金七十論），因羅闍多磨二德而有生死輪轉。去此二者則解脫。薩陲增勝，則此結合終止。（四）結合而生一切有情。（金七十論謂之含識），解脫則神我與覺慢等離異。而反乎無知識無相之體矣。（五）恰拉克未言及五唯。而於五大粗質之外，亦認有五種細質。知根則言爲物質所成。解脫法品所傳般遮尸伽之說不但與恰拉克所傳相似。且與迦毗羅傳授阿修利者（見前）亦頗相合。則說者有以此屬於根本數論，似可信也。

紀事詩多主自在天爲有神說。說者（如 Edgerton ）遂謂紀事詩中所述均謂有神數論。無神數論則爲晚出。（無神說否認神造作萬有非謂無神之存在），然紀事詩中常以僧佉瑜伽並稱，且言瑜伽有二十六諦，其第二十六諦卽爲自在天。而無自在天之二十五諦學說。則似指數論也。

紀事詩不但有二十六諦之說。且自性轉變之程序與數目亦具多項學說。惟其中有二處與數論已成熟之說大同。一在十二之三零八：

非變易（自性）——大——我慢——五唯——
- 五知根
- 五作根
- 心根
- 五大

而十四之四十至四十一則如下：

自性——大——我慢——地——風——空——水——火

香、鼻——地
觸、皮——風
聲、耳——空
味、舌——水
色、眼——火

七九

此二者均甚近於二十五諦之說。爲第二期數論之學說也。

金七十論末偈（第七十二）謂七十偈攝般遮尸伽之六萬偈。而此大萬偈所說，不出六十義。

六十義則如下列。

覺生五十分（見後）

（一）疑　五分

（二）無能　二十八分

（三）喜　九分

（四）成就　八分

十義（下詳）

（一）因中有果義

（二）自性是一義

（三）意用義

（四）五道理立自性義

（五）五道理立神我義

（六）獨存義

（七）和合義

（八）離義

（九）神我是多義

印度哲學史略　八〇

(十)身(細身)住義

般遮尸伽之六萬偈，雖談六十義。而其書名之是否爲六十義論。(即金七十論所引之六十科論見卷上)則不可知。而另有確據，六十科論(或六十義論)一書，爲雨衆所作。然雨衆之六十科，是否即如上說，亦不可知，蓋印土書中另有一說，列六十義判爲二類。一有三十二。二有二十八。內容(不具詳)與上述者全異。其最要之點則主有神，與無神之數論大相逕庭也。

數論二十五諦其名數在未確定以前，則有多說。今姑不具詳。如大博羅他紀事詩中有立二十六諦者。(係瑜伽論)，有立二十四諦者。(此合自性神我爲一)，而二十五諦，復有數種。我國佛典中亦常言及數論諸諦，並各有異。惟中土所傳最可注意者有三。(一)馬鳴佛所行讚(梵本現存)第十二品敘佛於未成道前求法於仙人阿羅邏迦藍。此仙人學說，有似數論。(宋寶雲譯佛本行經第十五品，隨闍那崛多譯佛本行經卷二十二，亦同此，惟學說互有出入。)，說者遂引此爲佛教源出數論之證。惟馬鳴此說不見於早期佛經中，不必可信。(二)百論疏三解釋智度論七十之言。謂覺諦從前冥漠處生，稱曰冥諦，亦名世性。一切世間以此冥諦爲其本性。(中文佛經引及數論冥諦者甚多)，據金七十論曰：迦毗羅告阿修利曰。最初唯闇生，此闇者即冥諦，亦即無明之別名。此亦爲數論甚早之學說。(參看金七十論五十八偈不了爲自性之別名)。(三)大乘大般涅槃經憍陳如品，敘闍提首那之說。具二十四諦暨三德。而無神我一諦。當是略也。(見百論疏)

依上所言，無神之數論，其變遷之大段有三：第一，一元之數論，蓋初見於迦塔奧義書中。而金七十論所引迦毗羅之說，紀事詩所載般遮尸迦之說，及恰拉克所傳，均堪左證。第二(僧佉

八一

頌。中傳與 Gandapada 爲作長行。（頌在世親以前），第三僧佉經。（約在十四世紀），而識比丘曾爲之作釋。識比丘蓋已約在十七世紀。其說多强鑄僧佉與吠檀多於一爐。席近世調和各派之風，則實爲第四段落。下節所述僧佉學說。蓋取頌經二者共同之要義。而於識比丘之所執。則姑從略。（本書所引金七十論係用支那內學院刊行本）。

二

數論之出世，雖不知始於何時，然其發端要在奧義書時代。其時吠陀之教已衰。而婆羅門教亦腐敗。數論因玆時會，爰漸萌芽。故其說但名義上爲吠陀之支派，而實際深受當時風尙之影響。詳釋此中消息。蓋有四端：

第一苦義。僧佉宗派，旨在尋求滅苦之定（決定）極（究竟）方法也。僧佉經及頌開卷即聲言須滅三苦。三苦者，一依內，謂風熱痰，不平等所生之疾病。（按俱舍論中謂風痰熱爲內三災患。涅槃二十五，謂風熱水爲病之三相。）二依外苦，謂人獸毒蛇山崩岸坼所生之傷害。三依天苦，謂寒暑風雨雷電所生苦惱。（金七十論卷末又有二十四本苦及三傳之說），而根本之苦在輪轉生死。故金七十論引聖言曰：

筋骨爲繩柱，　血肉爲塗泥，　不淨無常苦。

此言在物質世界反覆輪轉，不淨，無常，亦即苦也。

第二非祭祀殺生。大博羅他詩卷十二載迦毗羅見將殺牛以祭，頓生悲心，而斥吠陀之妄。此雖傳說。然頗可與數論典籍相印證。金七十論第二頌曰：

汝見隨聞爾，有濁、失、優劣。

蓋謂主吠陀者之意見，不過隨聞而已。實則殺生妄語非淸淨（濁）也。天神亦有滅壞，則退失也。天神因所賦不同，而下神見上神，次第生憂惱，則有優劣也。（百論曰如僧佉經言祀法不淨無常勝負相故即引上文），故吠陀之祭祀及八分醫方。均非決定究竟之法也。（八分醫方之名見義淨寄歸傳三）

第三反對神權。諸天之勢力墮落。須輪轉生死，與人獸同。而所謂尊佑論者，執世界爲自在天之所作。解脫亦由自在天。則爲金七十論所明斥，而僧佉經復反覆非之。蓋以自在天旣與輪迴之說不相容。而假使有慈悲之天帝，則決不能創此萬苦之世界也。因是而四吠陀之地位，遂亦變更。金七十論，謂僧佉之智在四吠陀未出世時，已得成就，由此智，四吠陀及諸道後得成。而僧佉經亦否認吠陀爲天所成云。

第四智慧解脫。僧佉頌以欲知爲苦滅之因。（第一偈），而其所謂獨存之智，爲解脫之因。此實决定而究竟之正徧知。因之黜吠陀諸神，及梵書祭義。而絕與印度教之信仰無關也。

此四義者，蓋奧義書之所縕蓄。而亦沙門諸道之所共信。實一時之風尙，各派均染之。如苦義雖罕見於早期奧義書。而堙帝利一篇，亟言天地可崩坼。神鬼亦壞滅，人身僅爲血肉積聚，貪嗔及煩惱所成，此與佛陀之苦諦蓋無以異。而奧義書之非祭祀棄神權，亦與佛教同。至若因天神之勢衰，祠法之被擯，而解脫之方，乃側重智慧。（上均參見此前諸章），則尤以吠陀系之奧義書與非吠陀系之佛陀等所同主張。故數論者，實漸與於奧義書及佛陀時代，而同染當日之風尙也。

數論之建立，基於量論。其所立量有三。（此據第四偈，他書亦有立六量者不具列），量

第七章 數論 八三

之一字，原有多義。據金七十論，量者準繩之謂，如尺如稱。能知長短輕重。而世間知識之量，能通一切境。境依量成立。此論三量爲何？一者證量，二者比量。三者聖言量。證量之智。乃以根爲具，對塵（塵者對象也）而生解，然不能了知，卽直覺之謂。非不定，無二。了知者根於判斷。不能了知者乃因未有判斷分別。故曰不可顯現。比量者，以證量爲根據。其旨在證一相（性相）與一有相（有此性相者）相應不相離。如證死性與孔子相應不相離。堅白性與石相應不相離。證其死，證其堅白，則比量乃成。比量有三。一有前。爲推知未來，亦由因推果。如人見黑雲，當知必雨。二有餘。推知過去，亦由果推因。如見江中滿新濁水，當知上源必有雨。三平等。推知同時，亦可謂爲用譬喻推得。如見巴吒羅國菴羅樹發華。當知憍薩羅國亦復如是。聖言量者。卽如吠陀。若天神，北俱盧洲，非證量比量所可通。則依聖教乃可得知。依此三量，通一切境。而最要者爲平等比量。蓋數論之二大原素，自性及神我。均因起乎感官以外，非證量得。實用平等比量建立。（一）譬如檀木破碎，片片同性，乃知原從一本而來。今見世界事物如覺等，均具三德。則亦知應根發一源，此即自性。（二）世界聚積當爲他故，故立神我。

僧佉論者，觀察宇宙之現象。以爲生命原有不變淸淨之本體，是曰神我。而其餘一切心理物質之現象，亦有一本體。是曰自性。自性與神我相合，乃轉變生萬有。（歸納萬有不出二十三事合之爲二十五諦），故數論者轉變之說也。因執轉變，故主因中有果。（如自性中有覺而轉變爲覺），此有五證。（一）實無則不可造作。如從沙不能出油。（二）求一物必須取其因。如酪取得於牛乳中，不從水出。（三）一切物不能生一切物。如草木沙石等不能各均生金銀等。（四）此因能作所作之果。如土能聚作瓶。（五）隨某種因即得某種果。如種瓜得瓜。（參看百論疏十一顯揚第九）。

神我爲自性所依。而轉變爲色心諸法。故自我法二者對立言之，則爲二元。自諸法原從一自性生言之，則爲一元。故如外道小乘涅槃論曰：僧佉人說一切法一。義淨寄歸傳曰：僧佉從一以始生。均由諸法言之也。（上所謂二元者非西洋精神物質之對立亦非本體現象之二層故以歐西二元論比之實誤）

數論依因中有果之原則，立轉變義。故謂自性爲諸法（宇宙心物諸現象）之本體。就諸法言，有生滅變化。就本體言，一切常存。是以俱舍光記引雨衆言。謂有必常有。無必常無。無必不生。有必不滅。（見卷七十），自性所轉變之現象。是有非無，不可譬爲幻化。而數論師又察宇宙現象。以爲不外三方面，是曰三德。德之一字，用於耆那教（見前）及勝論（見後）等，則對於實而言。實謂本體。德者本體之屬性。數論之三德，則自性即由其相合而成，非僅爲屬性。（僧佉經六之三九明言德爲陀羅驃譯即爲實），蓋宇宙萬有或具輕微光照之象，如理智是。或具沈重遮覆之象，如物質是。而理智物質之錯綜，必有使動及動者在。即以人生論之，輕明則官感（諸根）能了別對象（執塵）。若笨闇則感知鈍拙。而有時心欲爭持，躁動不安。因舉凡事物咸有此三方面。而立三德，一曰薩埵。輕光爲其相。其功用在照別。二曰多磨。重覆爲其相。其功用爲繫縛。三曰羅闍，持動爲其相。其功用爲造作。此三者果爲何物，則極難解。惟金七十論第十二偈曰：喜憂闇爲薩埵羅闍多磨之體，則似數論人分析萬有而最終歸之情態。於苦感樂感之外，人常有麻木沈悶之情感。三者實爲萬有之本體。宇宙之變化，無非三者之分合。（一）或此勝彼伏。（二）或彼此相依賴。（三）或彼此相生。（四）或同時並行。（五）或可同時引起不同之事。（如喜生喜而又同時生憂），而所謂自性則由此三德相合而成。當三者平衡，互相牽制，則爲自性之本體。及其均衡失墜，則變動生。是曰自性之轉變。

自性者，或名勝因，或名爲梵，或名衆持。在七十頌中之第十五偈，以五道理證明自性是有。（一）世界有類別之物，皆有限量。有限量者必有所本。如陶器有數量，係從有量之土聚成。器若無本，應無數量。（二）世間諸法，同具三性（卽三德）。故知皆自一本所生。（三）世間變化，必因功能。變者有生，生依能得成。而此生之所依，是曰自性。（四）世間因果差別。土聚爲瓶。瓶能盛水。而土聚不能。此必亦有別因。而世間變化，亦必有別因在。（五）世界刼滅，一切俱泯，在彼時普遍之相，了無差別。是純粹渾沌之狀態，稱曰自性。

自性爲能生之本體。爲能變而非所變，故稱爲根本。其所變者有二十三法：一覺，二我慢，三至七爲五唯，八至十二爲五大，十三至十七爲五知根，十八至二十二爲五作根，第二十三爲心根。（合自性與神我爲二十五諦），此二十三法，轉變之程序。古今所傳不同。（見上節），即在金七十論，亦有二說。其一列下。（內院本上四左四上七右八上九右七及百論疏三）。

自性 → 覺 → 我慢 → 五唯 → { 五大 / 五知根 / 五作根 / 心根 }

其二如下。（金七十論第二十二偈及長行即上二十三右及 Gandapada 梵文釋論及涅槃經憍陳如品）：

印度哲學史略
八六

自性
↓
覺
↓
我慢
↓
┌五唯→五大
├五知根
├五作根
└心根

自性之所以轉變，乃因我意。我意猶言爲神我故也。此有二種：一者受用聲香色味觸之諸塵，二者轉變可使人了然於神我固於自性根本無關係，而得解脫。故此生命之本體，與萬法之本體，二者之結合，乃因爲神我之故。因神我必先受諸塵，墮死生苦海，其解脫之要求乃愈亟，因此故而生世間。（第二十一偈由義生世間義即我意），然現象之世間，雖二本體相合而生，而一切心物諸法，則全從自性轉變而來。蓋（一）神我者實常住不變。而心物現象則非常。（二）神我果係獨立存在。則必本來與此萬苦變異之世間無關係。因此二故。僧佉人不得不視神我爲獨存不變之實體，而舉所有變化多苦之心理物質諸項，均屬隸自性。

復次我既是常，則非作者。蓋作者亦非常也。僧佉人因是執我僅爲見者受者，而非作者。我爲知見之絕對主觀。爲能知而毫不涉所知。故我是思，受用外境。（唯識述記四），而自性（三德）則無知而能作，（能轉變），神我自性結合，而遂使中直（獨立不倚）之神我無作而如作者。三德之自性無知，而如知者。神我獨存中直，爲絕對之觀者。（金七十論譯爲證義），唯識述記四謂外人問僧佉曰：此我知者作者受者耶？答是受者非作者。三德作故。問既非作者。用我何爲？曰：爲領義故。義之言境。證於境也。我是知者。餘不能知。自性因神我之故。（我意）而有轉變。神我誤認此轉變之心色諸法爲自身，而被繫縛。若終能了然與己絕然無關，即是解

八七

脫。

復次神我是多非一。凡每一有情之身，各有一神我。此有五證：如若各身一神我。則：（一）生時應同生。（二）死應同死。（三）耳根壞時（聾），應一切人均壞。（四）一人作業，應同作。（五）一人苦樂時各人應均同。而今並均非如此。是故知實有多我。此諸我者，各原遍一切處。（論上十左八及經六之五九）因時空之限制，而似附人身中。（據毗耶舍瑜伽經注一之三六謂般遮尸伽執神我量如極微）

數論人以五事證明神我爲有。金七十論第十七偈曰：

聚集爲他故，　異三德，依故，　食者，獨離故。　五因立我有。

（一）聚集爲他故。（因明入正理論引此。斥爲犯法差別相違過），如床席等聚爲他用，非爲自用。故自性轉變亦必爲他用。他者即是我。（二）異三德故。自性有三德。無三德之知者，則爲神我。（三）依故。自性所生之身，若無神我爲其所依。則無轉身。（四）食者故。世間客觀之現象。（所食），必有主觀之神我。（能食之食者）。（五）獨離故。解脫世間諸苦之身，爲聖人所教。若身外別無神我，解脫則無所謂。

僧佉既以五道理立自性。復以五道理立神我。然恐世人以爲二者非感官之所可見，而疑其無有者。乃立八不可見(大毗婆沙十三引之)及四無(俱舍光記七十言及)之說。謂自性神我，如煙熱塵氣，細微不可見，而決非畢竟無有。如非神人之二頭三手也。（神人自在可有二頭三手）。

數論由神我自性二元對立，而演爲二十五諦。自性爲神我故而生變易，變易者指餘二十三諦。與自性有九不相似六相似。反之與神我有九相似六不相似。玆姑不詳。由轉變之程序（有二已如上說）；而生世間。復於世間外五大之器世間。與依於內五大之諸有情。而現象之世界與現象之我如是而成。實則此現象界者，均爲三德在自性中不平均而生起者也。

自性當未轉變，原爲渾沌之本體，故古稱爲冥諦。（或曰闇即無明），而「不了」（卽渾然冥漠見五八偈）亦其別名。其時三德分散，相互牽制。）但爲神我故（我意）須使其受塵至於解脫。因而動生，原爲泯然不別之自性。乃以三德動而薩陲增勝。故轉而爲有知。此時附於各神我之諸覺。（名別覺），遂各獨立。而總此時以智識勝之情態，名之曰覺諦。（名總覺），自其居劫初包羅一切之變異，故又名曰大。以充遍此世時故亦曰遍滿。自性者三德平均。覺諦者薩陲增長，是爲第一次轉變。續起變動則分三途。或闇德增長，或憂德增長，或喜德增長，當此時遍滿之大諦，更劃分，而分彼此。第二次轉變遂總名曰我慢。我慢者蓋於自性及大中執著而生種種心物分別。自其闇多之我慢（名大初）而有五唯五大之物質。自其喜多之我慢（名變異原文作轉變或轉異均不妥）而有十一根之心理機能。而心物之構成，必由執著躁動。故憂德增長之炎熾我慢實爲上二種我慢轉生之主動力也。易言之，則宇宙心理方面基於薩陲。（喜德），物質方面基於多磨。（闇德），而二者之變化構成均由於動作之原理，羅闍（憂德）是矣。依此則轉變之程序如下。（此與上列轉變之第二說相合僧佉經頌及梵文頌釋均主之）：

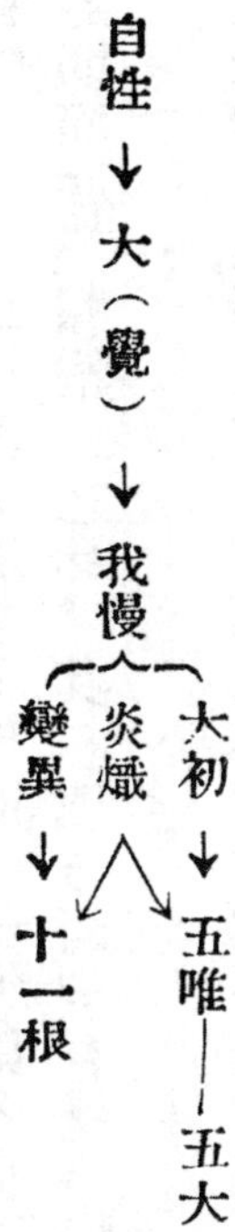

自性轉變，一方爲山河大地之器世間。一方則各個神我所附之諸有情。從無始來，此諸神我各因根本無明而有業報輪轉之身。其心理方面則有覺我慢及十一根。其物質方面則由五唯所生之五大。

覺與我慢爲自性轉變之第一第二步。亦爲各個有情之心理構成分子。自性生覺，覺諦代表宇宙全體，由冥漠渾然轉爲有知。（故言喜德增長僧佉經謂此爲總覺世界之覺也），而此充遍之覺中，各個有情之覺亦生焉。（此名別覺）一個人之覺爲判斷決定之心智。如決斷此人，此爲杌，我慢者執着此爲我，此爲我所有。由我之執著，而生彼此。由覺之判斷。而智識有所統屬因以完成。蓋五知根（耳皮眼舌鼻）各能取外境。如耳能取聲，皮能取觸，眼能取色，舌能取味，鼻能取香。五作根（舌手足男女及大遺）各能作。如舌能語言，手能握執等。此五感覺器官，唯能取能作。不能分別。分別功能則屬之於心根。心根謂是極微，在身體至爲活動。如目有見，心根奔赴心根。與之相應。且知作根及心根雖可有知作。而決定此知之如何，作之如何，則全身在乎覺。既有知作，復加以人我之分別，分主客爲二，則我慢之事也。知作十根對待外境，惟知現在，名外作具。覺慢及心，不取外塵。能知三世，則爲內具。外具如門戶，而內則如管轄諸門者。如人行路忽見高物，則知根之用也。因起分別，疑爲人或杌。如見衣搖，或見其屈伸，由心根之分別，而判定其爲人，則覺之事也。而且起念，我決知此爲人。則我慢之執著也。此十三作具，各能作其職事。悉本於自性，故性爲能作。然此各項心理。必有主觀之知者，乃能生知識，則是神我也。神我僅爲能知。而知識之內容（所知）則純屬於自性。

數論立五風之說。謂爲十二作具所共同所作之事。此五者蓋有情所有之全身之情態，大略如今人所謂之態度或氣習。一波那，主活動。二阿波那，主退縮。三優陀那，主驕傲。四婆那，指生氣。五婆摩那，主攝持貪慳。而此外心理動作之分類，又有八有，五十分之說。（略見下）。因心理活動均決於覺，故均謂覺所生。

有情活動，必有待於物質之身體，與物質之世界。（內五大與外五大），物質者有麤細。麤者五大。（地水火風空），細者五唯。（香味色聲觸），五唯者不能爲人類感覺之所直接取得。僅爲物質之體，之功能。（金七十論上二四左六謂五唯如香等唯體唯能），係由大初我慢（多磨種）因炎熾我慢（羅闍種）之助所生。最初自大初生聲唯。一分之多磨與聲唯合，而生風唯。次由一分之多磨與聲唯合而生色唯。味唯香唯再相次生，亦遵上法。五大極微，由五唯生。則有二說；（一）聲唯生空大。觸唯生風大。色唯生火大。味唯生水大。香唯生地大。（金七十論梵頌釋百論疏三偏造說光記十一唯識述記四別成義），（二）聲唯生空大。觸唯並聲唯生風大。色唯與聲觸合成火大。味唯合色聲觸成水大。香唯及餘四合成地大。（明諦論主此說）

物質之世界就人類經驗言之乃五大極微所成。根本自在五唯。但爲人類之感覺所不能達。（神可對之有知感），五唯蓋僅有爲感覺對象之可能性。且本身無差別，而有分爲種種差別之可能性。故名曰無差別塵。五大則實爲人類感覺之對象。且有差別，故曰有差別塵。（塵者對象也），現象之世界，因自性之轉變而開展。爲諸神所附之有情活動之舞台。至劫滅而止。次劫復然 如是周而復始。

所謂有情者，蓋物質之身體，與覺慢十一根而成。物質之身體，僧佉經謂爲地大所成。不過其血之資助在水火。體熱在火。呼吸在風。氣管在空。十一根者數論所說不一。或言五唯所成。

(故金七十論常言五唯生十一根如上列轉變說之第一表)，或言五大所成。推想其意，或自根之功用言，故爲五唯所成。或我慢所生。自根之外形言，則五大所成。(二者猶佛教之勝義根扶塵根)

自性爲神我故(意用)而轉變。爲諸有情流轉生死苦海中。神我本來獨立存在。無所謂輪迴。而物質五大之粗生，有滋生壞滅，自亦非輪迴之身。因是數論於粗身外，別立細身。細身者，手足頭面等體相(身體相狀)具足。其性細微，人不可見。山石壁等所不能著礙。當自性轉變時，細身先生。墮落胎中，由父母滋益，構成初身。(故名父母生身)。細身發展爲粗身之共和合身。暫住世間，死時分崩，粗身壞滅，細身則常往。繼續輪迴於三世間。(天人獸)

細身爲現象之身之根源。故具心物二方面：(一)細身爲五唯身。(故細不可見)，五大粗身之所從出。此則爲體相生。(二)細身中有覺及我慢，(五唯與覺慢七者亦合名細身)，則爲有情心理之基礎。其中雖無十一根。而其功能必亦已潛附於中。故五唯身(細身之別名)與十三心理機能(十三具作)，相互依附。五唯爲所依，十三乃能依。譬方如畫不離壁，光不離火。且此細身之如何輪轉。悉視過去作業情態爲斷。作業有善有惡。善有四：一法(守道德規條)，二智(謂智識與智慧)，三離欲(見世間煩惱及得智慧而出家)，四自在。(有八神通之類)，惡有四，與前相反。一非法，二非智，三愛欲，四不自在。因有情在自作業所起之八情態，(原譯八有)，潛伏爲薰習，因作業悉決於覺。覺是生因，故此亦名覺之八分。(此八有薰習隨覺與細身輪迴並由三途取得一因依善成二因先天本有成三由後天教育所得故金七十論亦言三有)，依覺之八有而輪迴有區別。或生天，或墮獸道，或解脫。(唯智可解脫茲不具詳)，故此謂之有生，又曰覺生。覺生者，心理方面由之發展。體相生者，物質方面由之發展。二者相依，不可離也。因此二種之發展，而生各項有情，（此名含識生合上三稱曰三生），有情之種類，分爲天（神分八種）人及獸（有五類植物屬之，金七十論謂山石亦屬此中，頌釋則不然）三類。

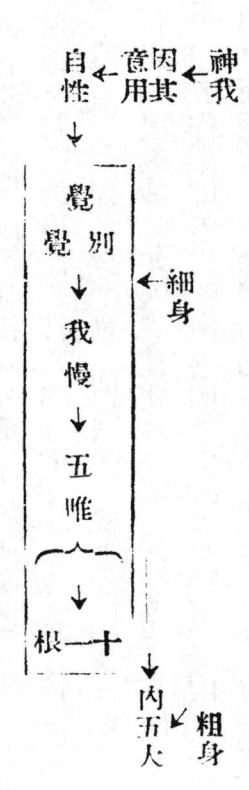

茲依有情之發展爲表如下：

神我 ← 因其意用 ← 自性 ↓

細身 → 別覺 覺 → 我慢 → 五唯 → 十一根

粗身 → 內五大

覺（總覺）……世間（外五大）

有情含識，雖有等差。然輪轉無已時。歷生死苦海。內苦，外苦，天苦，令人不安定。人生之行爲，或因知識之錯誤顚倒。（此稱曰疑倒有闇癡大癡重闇盲闇五分），或因知識作用之欠缺。（此曰無能有十一根損害及十七種智害智害者九喜八成就之反面故有十七），悉是苦中作樂，不能解脫。而普通之求解脫者，亦均所見較淺，非眞實智慧。（此有九分名喜姑不詳），解脫之唯一方法，在智慧。智有二義：一外智，知識之謂，如六吠陀分。二內智，則數論之哲理，爲眞實之智。成就此智慧之途徑有八。（此名八成就略見下合上疑倒五分無能二十八喜九分謂之爲覺生五十分），然最後取得智慧之方，在修持。

僧佉之智在神我了然於自性與彼本無關涉。世間之知識行爲欲望，莫不與苦偕行。執世間少量之得失，視爲與己身有莫大關係。而以爲「我可憐我可愛」，此根本之我慢，我之執者。所見極小極淺，是曰無智。因無智而緊縛於身，令在天人獸中反復輪轉。縛有三：（一）自性縛。沉沒八性中而不自知。八性者自性覺我慢五唯。未離此八，而自以爲解脫。實則其後仍須輪轉受五大粗身。（二）布施縛。如人計行大施，作大祠，令諸天飲須摩味。於後世間當行受樂，然仍墮輪迴。（三）變異縛。人得八種自在。（神通），而望生梵王等處。實則亦不離生死苦海。一切有情，沈溺於三苦三縛中，悉因細小淺薄之眼光，不知生命之本體（神我）本來無繫縛，無解脫，無輪轉生死。自性之所以轉變，蓋因神我依根本無明作業而未證本源，故演爲含識諸生。使神我受世界之經驗，以至於澈悟而求解脫。故自性之轉變。如歌妓登舞堂，示其色相，係爲觀衆之娛樂。若觀者於舞台上悲歡離合，而引爲自身之苦樂，則障生。神我於自性，固亦如是。若果能知其原不相涉，自證本源，則細身粗身分離，反於冥漠之自性，不再輪轉。故解脫者實五大十一根五唯我慢覺之還原　歸隱於自性。當其時，平日執此爲我及斤斤於此爲我所有之心理。均滌淨無餘。則苦惱不生。神我因修得此智，而清淨（除世間煩惱）獨存。（離自性），其時雖有世界之變易，而能視爲與己無涉。如人靜住觀舞，不起絲毫惑業。既得正徧知，則雖五大粗身未滅壞時，（未死時），其作業即不爲輪迴之因。（業力爲輪迴之因），而此時之所以不遽離棄有情身體者，蓋雖已解脫，而因宿業所餘勢力仍令此身住若干年。（此爲有身脫解。如佛教之有餘依涅槃。），及至宿業已盡，正捨此身時，內身五大還外五大，諸根以至覺均歸自性。而自性與神我無涉（金七十論譯爲自性人我中間）之理益顯，神我因得獨存之智。決定而究竟也。數論之所謂智慧，亦修持所得者也。修持者，謂禪觀也。成就此智之道雖有八：一思量，二聞，三讀誦，四離外苦，五離內苦，六離天苦，七由友得，八由施得。然此八者不過可引起此禪定智慧之入手機緣。因智必因觀證乃可得。觀證者蓋屏棄平常細小淺薄之知識，因此知識而人墮入塵世。見五大等片段之現象，而起分別，有執著。因墮於三苦三縛，均淺小之知有以致之也。果能由淺入深。從小擴大。觀自性之全體。了然於二十五諦之地位。此至深覺悟，可令自性轉變失其用，（偈六十六無用故不生），而得解脫。（數論謂本無縛無脫解脫在自性），數論之禪觀曰六行觀。謂「一觀五大過失，見失生厭，即離五大，名思量位。二觀十一根過失，見失生厭，即離十一根，此名持位。三用此智慧觀五唯過失，見失生厭，即離五唯，名入如位。四觀我慢過失，及八自在，見失生厭，即離慢等，名爲至位。五觀覺過失，見失生厭，即得離覺，名縮位。六觀自性過失，見失生厭，即離自性，是位名獨存。」，察其程序，蓋由淺至深，由小至大。於此六行，數數修習，究竟修習，則生智慧。（金七十論下十九左一），故智慧乃修證所得也。（瑜伽論依數論之理論而特別發揮修證之法者也）。

附錄

金七十論科判（根據內學院本註明卷頁等以資參閱）

× × × ×

（一）總綱——世界觀（約當卷上）

目的上一左至三右八

二十五諦（此有二說轉變程序不同）

（一）上四左四上七右八及上九右七中四左十

九五

（二）上二三右六至二四右三

量論上四右三至六右一

因中有果說轉變說之根本律上八左四至九右三

自性

諸名上二三右八

細不可見上六右二至七右五

五道理立自性上一五右九至一七左九

何以生大等上一七左十至一八右一

三德上十二左八至十四右十

神我

五道理立神我上十八右二至十九右十

性質

多上二十左一至二一左一

見者非作者上二一左二至二二右四

證義（等）同上

自性與神我上二二右五

現象世界

與自性關係

不相似上九右四至十一左三

相似上十一左四至十二左三

構成（大等）上二四左一至右三

（二）有情（約當中卷至下卷六頁）

心理構成

覺中一左三至二右四又十三右七至十四右六

我慢中二右六至四左一

十一根中四左二至四右八

誰之所作中五右三至七左一

性質中七左二至十三左四

物質——五唯五大中十四右七至十五右二

心理狀態

風中七右八至八右三

有中十七右七以下　十九左六

下十左十

八分中一左四下

中二十左三下

五十分下一左三至十左九

九七

細身與輪轉中十五右三至二十左二

下十左十至十一左八

含識生下十一左九至十二右二

（三）解脫（約當下卷六頁以下）

八成就　六觀下七左一至十左九

自性解脫下十三左八至十七右九

解脫後情狀下十七右九至二十一右十

×　×　×　×

第八章　瑜伽論

瑜伽宗以巴檀闍黎之瑜伽經爲根本經典。乃印度六宗之一。與數論關係極密，幾不可分。故常被相提並論，而總稱爲「僧佉瑜伽」。僧佉（數論）可視爲瑜伽學行之理論背景。瑜伽可視爲僧佉學說之修行方法。通常均謂二者理論之有別，以承認自在天與否爲最要。瑜伽承認自在天，故稱爲「有自在（天）僧佉」。而數論則稱爲「無自在（天）僧佉」。本章略陳瑜伽宗行法，（瑜伽有多種，此所述者乃王瑜伽）。而本宗之來源，其發展之經過，及其與數論之關係，亦當先爲敘述。

一

瑜伽一字早已數見於黎俱吠陀。其意義之一，爲枷或駕，（如服牛駕馬之意），故有聯繫，合一諸義。而中華舊籍因譯爲相應。攝一切見集謂個人之我與勝義之我相合，是曰瑜伽。蓋人我沈溺罪慾，而與大我分散。故一切罪惡之根爲分散，不統一，求去罪惡，須有精神之統一。奧義書及世尊歌中常闡此義，而此即所謂瑜伽也。然瑜伽之名，固特指修行之方法。蓋自黎俱吠陀以來，宗教苦行或凈行爲人所重。情慾奮發，不可克制，有加劣騎。駕服劣騎，必有技巧。因此瑜

第八章　瑜伽論　九九

伽字原用之於牛馬者，乃用之爲制服情慾方法之名稱。印度古巴尼尼文法書本認爲係作於佛陀之前。其中分瑜伽之爲三昧行法與瑜伽之意爲聯連者爲二字。蓋在彼時瑜伽已成爲專門修行方法之名辭，與普通有聯繫意義之字，已不相同矣。由身體心理之修持，使人超越痛苦。由修行而得非常之身心威力，此項意見，發源甚早。在黎俱吠陀中即已有讚頌(第十卷一三六)，似言及此項方術之價值。至若阿闥婆吠陀則常謂苦行可以致神通。再進一步，苦行乃並具道德觀念。如耆那教所謂之塔波斯是矣。塔波斯燒除業力必須屛去嗜慾，解脫罪惡。在奧義書中言及瑜伽行法，且重在內心之修養，追求實際之智慧。禪定修心之方，乃極見注重。苦行淨行亦並認爲致神通之法。在迦塔奧義書，白騎奧義書，及慈愛奧義書中，瑜伽乃與僧佉並稱。僧佉致力於理義上研究，瑜伽專指實行之工夫。在迦塔以及慈愛奧義書中，瑜伽已爲專門名辭。確指禪那與三昧。人世煩惱滋生，思慮紛紜，因希求超越塵勞，入於超經驗狀態，而禪定之術生焉。故迦塔奧義書謂在瑜伽之最高狀態中，感覺，心及智，三者均停止。慈愛奧義書及瑜伽之六支，一調息，二制感，三禪那，四靜慮，五思擇，六三昧。而巴檀闍黎之瑜伽經則有八支，一夜摩，二尼夜摩，三坐法，四調息，五制感，六執持，七靜慮，八三昧。二者雖不相同，但大體相似。瑜伽經除加首二項關於德行者外，僅以生法代替思擇。故在此奧義書時代，瑜伽宗行法已具有雛形，而思擇者指理性作用，按長阿含梵網經六十二見中謂外道或依禪定或依思擇(理性作用)而執世間是常。則禪定與思擇關係，極爲密切。由此可以推斷慈愛奧義書中之瑜伽六支，爲最古之禪定學說，而爲瑜伽經之先導。

據上所述，瑜伽一字如指修行方法。原有二義，一爲苦行法，塔波斯是也。一爲持心法，禪

印度哲學史略　一〇〇

定是也。釋迦牟尼佛祖曾修此二法，先曾練苦行無效，後乃修禪定。佛陀並曾學道於阿羅邏仙人。據佛所行讚（梵文及中文本），此仙人之學說，本屬僧佉瑜伽，而佛教早期經典中盛言定法。如巴利中部之念處（意止）經，其中專門名辭，多見於瑜伽經中。瑜伽之學，固與佛教有密切之關係。例如（一）佛經（如中部一之十六）言信，精進，思維，定，慧，爲通瑜伽之路。瑜伽經（一之三三）亦有此說。（二）二者均注重慈悲喜捨之四無量，而此說頗不見於印度他宗。（三）瑜伽經悲觀意味甚重，亦有似佛教。而經中並有四聖諦，（二之十五十六十七）。瑜伽敘人生緣起，有似十二因緣，而無明特居首位。凡此諸例，均可見瑜伽經與早期佛教關係之密切。

瑜伽經爲關於修行方法極有系統之著作。其著者巴檀闍黎之時代，頗難確定。印度在西曆紀元前二世紀有一大文法家，名巴檀闍黎。如此人與作瑜伽經者同一人，則瑜伽經出世甚早。惟據哈佛大學伍慈教授之考證，此經不能在紀元後第四世紀以前。其理由之一，乃經之第四卷中，攻擊佛家法相唯識之說也。

瑜伽經分爲四卷，內容如下：

第一卷　三昧分　中述禪定之性質與目的
第二卷　修持分　中述達此目的之方法
第三卷　變化分　中述神通
第四卷　獨存分　中述解脫

此書在第三卷之末，據文字上之證明，本已完畢。故疑第四卷爲後來加入。如果如是，則攻擊法相唯識一段，不能用以證明瑜伽經之晚出也。

瑜伽經之主要注釋，爲毗阿沙所作。此人約在紀元後四世紀。此注釋有疏甚多。重要者乃博闍，及婆恰斯巴提密斯拉，及毗笈那比丘（識比丘）三人所作者。識比丘頗批評前人之說，而欲調和瑜伽與奧義書之理論。

瑜伽與數論在歷史上之關係，爲一困難之研究。就僧佉頌（金七十論）之數論，與瑜伽經之瑜伽言，數論自較瑜伽爲早。但此二學說達到最後之系統。均經過極長時間之發展，兩方學說與名稱均早見於奧義書中。或者在最初二者未分化成二固定系統，實原出一源。古籍嘗稱之「僧佉瑜伽」，即指此。其後一方面受佛陀時代反對神教之影響，並重智慧，而演爲僧佉宗。一方面受神教之影響，並偏重修持，而終組成瑜伽論。因其同屬一源，故基本理論，無多殊異也。

巴檀闍黎之著作，係用僧佉哲學之背景，而將瑜伽理論組織成一系統。所有之數論二十五諦均承認，而不加討論。（一）從自性言，宇宙爲不變易，爲常。彼爲三德所成，無始終，而一切有變異有終始之事物。均爲其所轉變。（二）與此對立，有無限數目之神我。其性爲淨清，不變，而常住。（三）因與宇宙發生關聯，乃有諸有情之代生。而神我似隨之流轉。於是神我乃縛於有情之生命。感受苦樂 隨入生死輪迴。此三點乃瑜伽之根本義，與僧佉無何不同。顯於自性之轉變。瑜伽立義，謂自大（覺）以下，其發展爲二方面。一方面發展爲我慢末那及根。（五知根及五作根）。而其另一方面發展爲五唯以至五大。據毗阿沙曰。五大生自五唯。而自我慢或我執生十一根。此謂五唯不自我慢發生，似與數論之說不同。但識比丘於此釋曰，毗阿沙之意，僅謂覺之轉變可分爲此二類。而並非謂五唯不自我慢生。據此僧佉瑜伽於此亦並無不同，而

印度哲學史略　一〇二

按數論之書，由大初我慢生五唯，由變異我慢生諸根，二方均來自覺。而且變異我慢係喜德多，覺固亦喜德增勝。故毗阿沙之說，實與數論原意，無大抵觸。

有情挾無明以俱生。無明者，對於宇宙實相之無知，而為貪欲之源。由此而生諸苦。無明自何而生，為無意義之問題。因此世間固無始也。即在每刼之末，諸有情之心，（此非末那心根而係包三內具覺慢心之總稱。）。與其無明均潛伏。及至下一刼初，世間之所以再創，即因於此諸無明。無明附於心而為煩惱。由此而有生死老病等。不過瑜伽宗解釋世界之創生，亦謂為無明與自在天二者之力。瑜伽之所以建立自在天。乃因自性之無知，盲目而無意向。夫宇宙之秩序及調協孰實為之，轉變之程序如何最適宜於神我，世界如何有轉變，有情如何解脫繫縛，而轉變之中善者得福，惡業取禍，更受何者支配，凡此均非自性所能辨。因此除自性外，必須有一存在，為轉變之指導者。此特殊存在，即為自在天。自在天不似基督教之上帝，而為一向無貪慾無明之神我。其體為喜德所成。故為無明所不能使。彼全智全能，而其唯一意向，在指導轉變無阻，使衆生得受塵與解脫。因自在天之此一意向，而三德之轉變乃為神我之利益，而進行無礙。無明因其無知，而漠然於神我之向望。自在天有知，故能使自性之顯現便於神我。自在天非能創造自性，彼不過先使三德失其平衡，而後引導轉變使業報得其常軌，而宇宙向有意義之秩序發展。此自在天之建立為瑜伽與僧佉論最重要分別之一。

二

第八章 瑜伽論 一〇三

瑜伽與僧佉最要之分別除上述者外，亦在其對於覺諦之分析。覺諦在僧佉書中通稱爲大，而在瑜伽則常稱爲心。不過心之廣義則常並攝我慢與末那，（心根），（並可包括諸根）。此諦視三德之成分不同而生各種變化。此各種變化。稱爲心之轉異。而瑜伽之定義，則爲「心之轉異之斷滅」。蓋由自性與神我發生關係，而現象界遂展開。僧佉論所注重究在自性，（現象之體）。而瑜伽則注意在現象（自性之用），所謂覺或心之轉異是也。故心之轉異包括宇宙一切對象，及有情對彼之認識。所謂心理情態，及其對象。無非均屬於此心之流轉也。而此流轉係由過去作業所決定。故有情各個不同。諸有情各因過去生命中所作業而遺留於心。因有種種潛伏印象，所謂薰習是也。薰習非如習慣。習慣限於此一生。而薰習則有常住之力量，不隨此生終止而毀滅。而在有情之此一生所作，均可留有下意識之諸印象。隨相當因緣而復起作用。此則所謂「行」。而諸「行」之對於來生起作用者即所謂薰習。故瑜伽之斷滅心之轉異，不但斷此生心身所呈現情變，並須斷諸行，或薰習之一切不可見之勢力。有情生命爲過去薰習，此世諸行，及此心現行所圍困，重重結網，永恆轉異，殊難自拔。

但心因其仍能使諸作根應付外起之事物，故可有自動之行爲。又因其能自制，使生命變換趨向，或繼續進行，故心亦謂「有能」。因此二事，亦屬於心之本性。故有情可以令心注一處，不使他馳。而能令心注一處，則爲瑜伽行法之基礎也。

心之轉變有不同之情態，名曰五地。爲事物所播弄，是曰擾心，昏迷不明，謂之盲心。不常安定，謂之遷心。集於一點，謂之一心。止息心轉，謂之滅心。凡此五心，均不完善。又人之知識，亦分爲五。一量，謂眞知，二似知謂誤知。三分別，謂想像之知。四睡眠，謂心在睡眠中。五念，謂記憶。凡此五知，亦均起於神我與覺之結合，而神我墮於現象界中自須斷絕。凡此入瑜伽行，乃能解脫。

神我因陷入覺所轉異之迷網，誤認其本眞，而以現象之流爲其本身。故解脫之道，最後在神我之發現自己。吾人須斷滅心之活動，摧破其重重縛網。欲停止心流，必須修持與克慾。克慾之方，在端正之生活。修持之要點，在心智之堅定。瑜伽分心之轉異爲有煩惱者，與無煩惱者。前者總歸於無明。後者均屬於智慧之情態。無明者以非我爲我，以染爲淨，以苦爲樂，以非常爲常。總而言之，則係以現象之流爲眞實自我，瑜伽人須修練內心，使諸事均顯其眞相，而修行之重心，則在「離欲」。世間事物，分爲二項。一者可見，如飮食人物等。二者隨聞，如天上之歡樂等。離欲者對此二項，均無欲求。對於人世天上之苦樂，均泯然遺棄。故不爲任何事物之欲求所奴役。在離欲之最上階級，則眞我之體證起，而解脫得以完成」。

神我不但爲煩擾之心所纏繞，而且與壞滅血肉之身體有密切關聯。身體之痛苦，不快，與不定，以及出息入息，均與憂惱相應。雖身體康强，非人生之目的。但亦爲其主要條件之一。身體旣與神我結合，故瑜伽行法不能置身體於不顧，而並須在物質方面，加以調整。

瑜伽經謂行法有八支。一夜摩，二尼夜摩，三坐法，四調息，五制感，六執持，七靜慮（禪那），八等持（三昧）。前五支稱爲外支。後三支稱爲內支。

一、夜摩　夜摩義爲禁制，爲消極之道德條律，此總爲五。一不殺，二實語，三不盜　四淨行（不淫），五不受餘財（不貪）。此中之主幹爲不殺。其他均爲其枝葉。不殺者，汎指禁止隨時隨地對於任何生物之傷害與仇視。此不只爲不殺傷，且包括不仇視。以此對於一切善惡苦樂

第八章　瑜伽論

一〇五

事物，而修慈悲喜捨，（此四稱爲對治修行）。可以使心寗淨。吾人必根絕嫉妬，不幸災樂禍。此項戒條性質絕對，必無例外。卽對國賊逃兵及宗教之叛徒，亦不殺害。卽自衛亦能用爲殺人之辯獲。無種姓（階彼）國籍老少及任何情形，夜摩諸戒，均絕對施用。

二、尼夜摩　尼夜摩義爲遵行，爲積極之道德條律。此亦總有五。一清凈；二輕安，三苦行，四讀誦，五敬自在天。瑜伽人須常行此五者。瑜伽行法旨在逐漸清除身心一切之束縛。道德不修，貪欲不盡，爲解脫道之第一重障碍。瑜伽人必須行爲心意淸正，克伏羅闍及多磨二德，而令薩埵增長，惡力漸除，乃可進而行修心之法。

三、坐法　修心之前，必須修鍊身軀。身不修鍊，定心無由而生。坐法之講求，爲瑜伽之必要條件。入三昧地，當先修坐法。在急走及睡眠之中，人心自不能加以修持。蓋心及諸根，本附於身體。身不堅定，心與諸根自不能治理。坐法甚多，有人謂幾無數量。毗阿沙之釋論則只列舉十一式。所謂蓮花坐等是也，坐法之根本要義，爲使身體輕安，自在，而且堅定。身體行坐法時，須不有絲毫矜持不安，實卽務使全身得無上之休息。如此則身體無痛癢擾亂。直至忘却吾人之有身體。故瑜伽經曰，坐者堅定而愉快（二之四六）。因行坐法，對於身體極有益。故卽未修禪定，僅行坐法，亦極爲印人所重視，坐法原指　坐之姿式，推廣之乃爲鍛鍊身體之方術，其結果能調整全身，及消化機能。

瑜伽之原意，在調整身體，而非在自苦自殺。不過就人生之目的言，精神自比身體爲重要。故不能因身體之需要，而有害於精神，瑜伽因此教人節制飲食。此宗之末流，甚至謂須使身體能耐極大戕刖，受常人所不能堪者。

四、調息　息者，原指呼吸。瑜伽經一之三三謂「慈悲喜捨」可以安心。其一之三四謂「由出息或入息」亦可安心。故調息只認爲安心法之一，而行之與否，可由人選擇。又依經二之四九言及調治出息入息。而五十則稱此有三，一外，二內，三不動，（出入息及停止呼吸）。此種方法在佛教經典中常見之。所謂念安般是也。調息之原意，乃因呼吸不調，可擾亂定心。經二之五二言由此而心光之障乃漸消。

然此所謂息者，與僧佉所謂五風之風，本爲一字。因此調息亦即係調伏諸風。風或分爲五，或分爲十。充遍全身，而爲一切活動之支柱。僧佉論謂風爲五知根五作根所共同發生之心理情態。如能調伏此諸心理情態，一切諸根，亦得調伏。

因坐法與調息方術之極度發展，而爲哈塔瑜伽。哈塔瑜伽之內容，茲可不談。而彼等對於調息之解釋甚與上述者不同。而且篤信調息，可以致神通。但在瑜伽則以治心得解脫爲目的，雖言及神通變化，並不重視。在瑜伽經卷三中列舉多種變化，如天眼通，天耳通，宿命通，他心知通等。蓋在修心之程序自執持靜慮以至三昧總名之爲總御（三者詳下）。瑜伽人如行不同之總御。注意不同之處，可得各項神通。印度所謂神通，自彼等觀點言之，並非西洋所謂之超自然力。神通者不過揭開吾人感覺所得之世界，而深入宇宙之內層。感覺之世界，不過宇宙自然之一部分。在此以後，亦同爲宇宙之一部分。同有定律與秩序。通神並非超於定律與秩序。神通變化又名成就。瑜伽經四之一曰，成就之得，或由天生，或由藥物，或由咒術，或由苦行，或由三昧。天生之有神通者，仍因前生曾修瑜伽，故稍行修練，即得神通。用藥物乃謂麻醉劑。咒術即持誦曼陀羅經。中雖言及藥物，但未重視。神通變化使人能爲所不能，自爲人類所欣慕渴求。印度後期之

一〇七

印度哲學史略　一〇八

瑜伽（哈塔瑜伽），因坐法調息以及結印等之發展，而以爲因身體之調治，可得各驚人變化。然神通究不爲正統之瑜伽修行者所贊許。釋迦世尊原斥人玩弄神通。瑜伽經三之三八曰：「此等爲三昧之阻礙，乃世俗之力量」。蓋瑜伽之最終目標爲解脫世間，神我獨存。而欣慕神通，沈溺不返，使人誤入歧途，縛於此世，不願自拔。因而神我不能離自性所轉變之宇宙，而墮落生死中也。

五、制感　瑜伽之目的，在停止心流。道德之修持，身體之調整，均不足以停止心流。心流之最初波動，起於感於外物。物感交集而無窮，故心流不斷而長往。瑜伽修心之第一步，在制止感覺。制感者並非根絕官感，而僅爲修習不爲外物所紛擾，而繼以使心注於一處。制感之效，在使有情對於世間誘惑失其興味。猶如知妻不貞，其夫對之全失其愛慾。

六、執持　瑜伽經三之一曰：「執持者使心注一處」。心注一處者，或在體內，如鼻端，或丹田。或注於在外之一物。如此則心不外馳，而堅定。

七、靜慮　心既注於一處，而順利前進則有靜慮（禪那）。當主觀（知者）幾將與此所注之對象合而爲一，則靜慮進至三昧（等持）。執持靜慮等持三內支，爲修心之要着。關係極密，幾不可分。當此三者注於一事，總名之爲總御。行總御於一物（內或外），則可有神通，（如前所述）。但瑜伽行者必須不以此爲滿足，而須於既達三昧之後，繼續修行，直至神我獨存，得以解脫而後已。

八、等持　等持者，梵音爲三昧地，（簡稱三昧），又譯爲定。此爲瑜伽八支之正支。故瑜伽釋論曰，瑜伽者卽三昧。因此關於三昧之學說，必須稍詳述之。

解脫之道在離欲。最上之離欲者，脫離一切可見及隨聞之對象，而神我獨存。離欲之要，爲於一切對象事物眞見其實相，漸證自性神我之本來互相獨立。故須靜坐注意一處，俾漸辨宇宙之眞實。每一現象之知，均有三事。一知者，二知（知之作用），三知之對象。在神我之眞知，則超出此三分別。如此三之分別具絕對性，吾人自無由超越現象，證知眞實。故瑜伽人在禪定之過程中，能知與所知須合爲一。故解脫之途，卽在自性之中調伏自性。瑜伽行法起自世俗之知，層層破其藩籬，逐次深入，以趣智慧，而神我得獨存智。故調伏之次序，依自性展轉之層次。而心依之有等差之知。在世智中，心酬對五大之粗塵。在禪定之初，卽在五大粗塵（如牛如瓶）綜合其詮（觀念）行（印象），而得此一對象之知覺。心注此項對象，稱爲有尋三昧，（佛教舊譯有尋爲有覺）。在此階段中，知覺之諸分子，一聲（如「牛」字之聲），二名（如牛名），三義，與實在之對象合一。而成一經驗，（經一之四二）。世智中之對象有二特性，一爲客觀（對象）與主觀（心理）之互相獨立。二爲此對象之所以獨立，因其與他對象有差別。在有尋三昧中，對象之經驗，仍全具此二事。但名言知識往往於事實增益餘相餘義，而失彼自相，而起分別智，（因明所謂之思構想）。故須遠離一切聲名義諸知識，而直與其實在之對象相接，（如初生嬰兒初見牛時之知識）。如此則由有尋三昧進而爲無尋三昧。聲名義等依於記憶，（佛經譯記憶爲念。發牛字之音，而引起牛相，自依於念）。掃除記憶以及一切關於對象之觀念，而直知實在，稱爲無尋三昧，（經一之四三）。此上二種三昧之分別，實似佛學新因明中無分別智（現量）與有分別智（似現量）之分別。

瑜伽行者必須再進而取細塵，（細塵卽五唯）。此一階段之禪定，其初猶尙有名言之雜入，

一〇九

印度哲學史略 一一〇

至後則直取細塵之實相。此初後二者，稱爲有伺三昧及無伺三昧（伺佛經舊譯爲觀）。其分別與有尋無尋相同。不同者在其對象爲五唯（經一之四四）。據本宗理論，普通經驗只可取五大粗塵。至若五唯細塵，則非世智之所能知。其存在但由比量所得。瑜伽行者在有伺無伺三昧中，可直取五唯，並可至自性。自性細微，本不可見，在定中乃能證知，（經一之四五）。

瑜伽行者由此階段，尙須更進。由上述定中，自我發現無論粗細塵均非究竟。乃進而取更細之對象，以求於其中發現自我。惟上述細塵者，似謂粗象（五大）之外五唯及憂闍二德增勝之自性。此屬於客觀物質方面。至若薩埵增勝之諸根，以及覺諦（或兼攝我慢）。則屬於主觀能照作用方面。在上述諸定主觀與客觀物質合一。若再進一步，則與主觀作用（諸根）合一，此一階段稱爲有喜三昧。更進一步若以自我知識（覺）爲對象，而與之合一，則爲有我三昧。此上所述之四階：

一、有尋三昧　無尋三昧

二、有伺三昧　無伺三昧

三、有喜三昧

四、有我三昧

統因在此中心注於各項不同對象，且亦有知，或知善惡，或知過未，或尙有喜心，或尙有自我意識，故此四者，總名爲有智三昧。

世間本爲自性所轉變，神我本自獨存。但因無明業力，陷溺此世間，於是乃以非我爲我。此悉由於不識自我及世間之眞相。瑜伽行者，首重德行，以淸行爲之汚染。次定身調息，以除肉體之障礙。再制官感，以屏此世萬端之紛擾。蓋在常人，此心遷轉無常，心身不固，隨物動搖。雖在作意於一物或一事之時，亦爲億兆旁象所纏繞。瑜伽行者如修至能制感，則由此可心注一處，此謂執持，乃修心之第一步。如禪心順利，則稱爲靜慮，而爲修心之第二步。再則有三昧。注意一處，主觀客觀合一。由心取粗法，細法，以至知之作用，（諸根）。再上則心能靜觀喜德增勝之覺，而自我知識，巍然明照。夫覺爲自性所變之第一步，故心證知覺諦，已得自性之全體。但在有我三昧中，雖早捨闇憂二德增勝之煩擾世間，而終取輕光能照之喜德，而與之合一。但此中究有主觀客觀之二元，尚未全滅。而眞我（神我）與假我（覺）尚未全分。故此上三昧均爲有智三昧。

在有智三昧，尚有心之遷流。在此三昧中，雖超越世智，但心仍有作用，而有主觀客觀相對之知。此知雖已超乎常知，但關於外象之心行（心之潛伏印象）猶留存，而未滅。心行爲世間經歷所造成。故神我縛於世間，而不得脫。瑜伽行者自有智三昧，滅盡主客之知，心已停諸作用，乃進而有無智三昧，（又稱爲滅三昧）。在此三昧中，心行亦仍未滅。心行者過去生活所遺留，而支配未來生活之諸種差異，故可號爲種子。而此上所有一切三昧，均心行未滅，故均名爲有種三昧。無智三昧如行之既久，則有三昧所造成之行。此行障礙一切之行。及至三昧之行亦滅，則種子滅盡，而名爲無種三昧。瑜伽行者首屏棄世間煩擾。次停止心之遷流。復滅一切種行。層層塵網，均被破除。心之縛束力量，至此已不能用於神我，而眞知（般若）光照。神我由是獨存，而無垢矣。（按世俗心智可比之汚垢湖面，樹影在中，迷惘失眞。有智三昧則可比之明湖朗照，樹影在中，眞狀呈現。無智三昧則可比之樹巍然獨存，湖水已涸，影象不顯。又無種三昧與無智三昧之關係，所釋不能盡同。此上所述，只其一說）。

禪定之智超越世智，稱爲般若。禪定之發展，即般若之逐漸增勝。瑜伽經一之二〇謂修心法之成功，亦在乎五事。一信、二精進、三念、四定（三昧）、五慧（般若）。而般若者，本爲分辨自性神我不同之智，名曰清辨智，或分別智。世智僅取粗塵。般若乃可取細塵。一切有情活動均留存印象於心中（所謂行）。當般若之行，日漸增長。世智之行，日漸消滅。於是瑜伽行者日在般若智慧之中。般若能令人解脫，而不縛於自性之輪轉中。般若之增長至最後須經七級。前四稱爲果解脫，後三稱爲心解脫，茲姑不詳。神我之慧光照，三德之縛退縮，有此淸辨智，稱爲法雲三昧。瑜伽行者得此，死後神我獨存，不受後有，但在未命終之前達此地者，神我雖與覺有緣，但此覺已屏除一切染污，而得全悟。此種情狀，稱爲命解脫。凡已命解脫者，雖在此世，而於世無著。

第九章 勝論

勝論舊稱爲吠世師迦，或衛世師，或鞞世師，或鞞崽迦、或衛生息，均一字音之轉也。梵字吠世師迦有殊勝義，卽謂差別。說者謂爲自六句義之異句義得名。因勝字異字原出一字也。惟據百論疏及唯識述記，則均意謂義理殊勝，諸論罕匹，故稱曰勝。勝論經一，一，四曰：因同相異相，而有實德業同異和合六句義。——乃由殊勝之法所生。由此而達至善。

勝論爲婆羅門人所認爲正宗六論之一。卽梵卽我，但遮不表，遍滿虛空，無有差別，此謂惑妄，乃起異同，此則如幻之說，是商羯羅之吠檀多論也。從一始生，均依三德，性我對立，而覺而慢，而餘二十一諦，此則轉變之說，其中無神之教智慧爲先，是數論也。有神之教最重篤修，是瑜伽論也。其餘三論均屬積聚之說。彌曼差論多釋祭祀。正理論一派多論因明，而極微自我之說皆與衛世師迦多同，其間蓋互有因襲也。至吠世師迦分析句義成一切法。則於積聚之說特爲著眼者也。

本章述勝論義分爲二節。（一）勝論之變遷。（二）勝論之學說。

一

第九章 勝論 一一三

勝論學說主積聚，執極微，分析句義，均不見於奧義書。及至佛陀時代，諸說始行世，而極微說最流行。如六師，以及數論，均有之。迹勝宗之精神或與六師中說最符合。然二方關係究如何，則無事實佐證甚難言。或者實一時潮流勝宗卽自其時孕育而成，無一定傳統之關係也。

六師之中阿夷多主地水火風四大之說。迦旃延計地水火風苦樂及命積聚而成有情世界。拘舍羅（邪命外道）執運命說。（如勝論之不可見），均與勝論相關合。而尼犍陀既說極微積聚，復有句義之分析，尤與勝論大綱全同。無怪耆那教人，指此宗 其支流也。

計耆那教與勝論之同處有四：（一）耆那計極微（補特迦羅）是常。勝論亦同。（二）耆那謂有五實謂命法非法虛空補特迦羅。勝論有九實。地水火風卽補特迦羅也。我卽命也。空卽虛空也。（三）耆那常立二句義，一實二變。或立三句義，一實二德三變。與勝論之六句義雖不同。然說者謂勝宗羯那陀原立三句義。（實德業），此三雖內容與彼不同。然或可證勝宗句義本從二句義或三句義演進漸加詳密也。（四）二宗均主因中無果。且於極微外立自我。（參看第四章）

勝論經曾言及彌曼差宗。（有時亦引數論），而且常謂時爲最終之因。此時節爲因之說。見於白騎奧義書。當亦甚古。因有謂勝宗原本出於彌曼差派。均在佛前。蓋彌曼差學說頗有同於勝論者。然此二宗經先後甚難決定。而是否均在六師之前，則更爲可疑。法經爲吠陀經典最晚出者，其中仍未言及勝論。大博羅他紀事詩中言及和合（六句義之一）。或可證勝論在其時已出世。而據耆那所傳，則紀元前後有耆那教人羅睺笈多立說，後遂爲勝論之祖。勝論之在其時漸成熟可知也。

紀元後二世紀勝宗大成。與數論同爲佛典所重視。而常闢之。其時勝論經或已行世。勝論經

印度哲學史略　一一四

者傳爲羯那陀所造。羯那陀爲此宗所認之創始初祖。中文佛經常稱其人名優樓迦。據印土所傳、其人原名迦葉波。優樓迦義爲鵂鶹。據印人所傳、濕婆天因此人苦行精進，而化爲鵂鶹宣說斯學。又謂此人常食米齊、（亦見成唯識論述記），故又名羯那僕或羯那陀云。此人不悉在何年代。唯識述記謂在成刼之末、自爲神話。即據他種傳說，亦均近附會、不得確知其事蹟及年代。唯本宗當在西紀後二世紀前即已成熟。蓋大毗婆沙言及勝論之五業。而恰拉克醫書亦引及此宗。二者均約在迦膩色迦王時也。其後龍樹十住毗婆沙言及優樓迦宗義。而提婆百論引衛世師說甚多。雖與勝論經有出入。而據其相同各段約可斷勝論經實已成立。訶黎跋摩成實論亦多破之。

勝論經歷時既久。或有增損。現存者有三百七十頌。分爲十卷。第一卷通論五句義。（實德業同異），第二卷第三卷說實句義。卷四說極微及其性質。卷五說業句義。卷六說法非法。卷七雜說德極微我並及和合句義。第八第九大部說現量比量，第十卷則論多事而與卷九同涉及因中無果之說。

有波羅夏他巴答者在吠檀多大師商羯羅之前。約爲五六世紀造攝句義法論。稱爲勝論經之疏釋。玆略敘其綱目如下。

敘述句義（實德業同異和合）

實句義

九實合說

九實分詳

德句義

一一五

印度哲學史略　一一六

諸德合說

諸德分詳

業句義

同句義

異句義

和合句義

除勝論經外此書最爲重要。雖祖述彼經。然不隨經文加解釋。非注疏體裁。(比較上述二書之內容可知)，且立說頗與彼經不同。(一)世界之創始與壞滅。(二)火大對於餘大之影響。(三)數爲意識所成。彼體此體亦然。(四)合、離、二者步驟之分析。(五)動之步驟。(六)悟他比量。此六者均勝論經之所全未言者也。而波氏言德有二十四。(經僅有十七)，同異和合三句義之性質，及因明之意見，均與勝論經殊異。

我國唐玄奘譯有勝宗十句義論。謂爲勝者慧月所造。此人事蹟不詳。然因其常用波羅夏他巴答之說。故知在玄奘以前波氏之後。即在六世紀頃。惟十句義之說在印度罕迹可尋，即在中土中百等論吉藏所疏。唯識俱舍基光所述。亦均偏重六句義法。然玄奘獨捨勝論經而譯此論。豈龍樹世親時代僅有六句義說、而玄奘時則十句義頗有注目者耶。然奘師志宏佛典、盡日窮年。或因此論較短、遂偶爾譯之。原非必十句義之盛行其世也。

先是約在四世紀有富差耶那者、爲正理經作釋。頗用勝宗之說。此人因明曾爲陳那所斥駁。其後波羅夏他巴答之因明，甚受陳那之影響。而約同時優禰他加羅屬正理派反駁陳那之說。而所疏釋亦用勝宗義。且稱羯那陀爲最上仙師。因而正理派更漸與勝宗混合。（詳第十章）勝論經之注釋甚多，最有名者爲商羯羅密斯拉所作。乃印度所常用。而在我國唐以前所譯佛經。言及此宗。則多根據六句義之勝論經及波羅夏他巴答之書。因之唐人注疏遂多引六句義法。然十句義論雖在印土不重視。然在中國則爲外道譯書二者之一。且亦甚難讀。近經日人宇井伯壽依梵典釋之始頗了然。下節述本宗教義、遂多從之。

勝論執積聚說。執積聚說，故先須精密分析宇宙萬有。其分析所得，是曰句義。而由分析所得再綜合之，遂有此形形色色之世間。了然於其分析及綜合二方面，勝論之綱領具矣。爰述其大要如下。

句義一字，勝論未詳解。然句者名言，義之爲言境也。此蓋謂依名言思攷而實境顯現，勝論者蓋執有外境，內心亦實有。分析內外諸境，而得句義。但總古今所得，勝論句義各有不同。匯集諸籍。大別有三。

一、有六句義。如勝論經謂句義有六，一實、二德、三業、四同、五異、六和合。成實論卷三、百論疏卷三，均同此說。現今印土所傳，亦均此說。雖有言七句義者。然即前六加入無說，大體無殊。中土所傳述六句義，則多宗吉藏之疏，其文云：「今言六諦者，一陀羅驃、稱爲主諦。亦云所依諦、謂地水火風空時方神意。此九法爲一切物主、故云主諦。又解、一切法悉有依主，故破神品云，黑是求那、氎是陀羅驃、破異品云、執是陀羅驃、一是求那、故知依主通於萬

第九章　勝論
一一七

印度哲學史略　一一八

法。二者求那、此云依諦、有二十一法。謂一異合離數量好醜、八也。次有苦樂憎愛愚智懃惰、亦八也。次有五塵，即色聲香味觸也。以五塵依地水火風空五主諦也。苦樂愚智等依神意二主諦，餘八通依，三者羯摩諦。此云作諦。謂舉下屈申所有造作也。四者三摩若諦，此云總相諦，謂總萬法爲一大有等。五毗尸沙諦，此云別相諦，謂瓶衣不同也。六三摩婆夜諦，此云無障礙諦。如一柱色香徧有而不相障。問、一切物皆具六諦耶。答，具。今略舉內外二物。瓶爲主，塵依之，即依主二諦。瓶爲他所作，即是作諦。瓶有總別。瓶上五塵不相障礙。即餘三諦也。身爲主。二法依之。一諸塵，二心數。身有所作。身具總別　身上諸塵不相障礙。即不相障也。」

二、有六句義。如成唯識論述記卷五云：謂羯那陀說所悟六句義法。一實。二德。三業，四有。五同異。六和合。其他中譯經典如廣百論（卷六卷八），俱舍論（光記十九）、顯宗論（卷七），順正理論（卷十二），均有總同句義(即有句義)，與同異句義之說。

三、有十句義、即十句義論所說。此中之同句義即基師所述之第四句義、其異句義則等於勝論疏之異句義、而勝論經之同句義在護法所述則分屬於有與同異，在本論則分屬於同與俱分。文護法所述之同異在本論似分爲異(第五句義)與俱分（第九句義）有能無能。據勝論經則在六句義中似爲覺德所攝、無說句義則六句不攝也。學繇宗祕卷二，傳有三義。應詳參閱。今依己意表其異同如次。

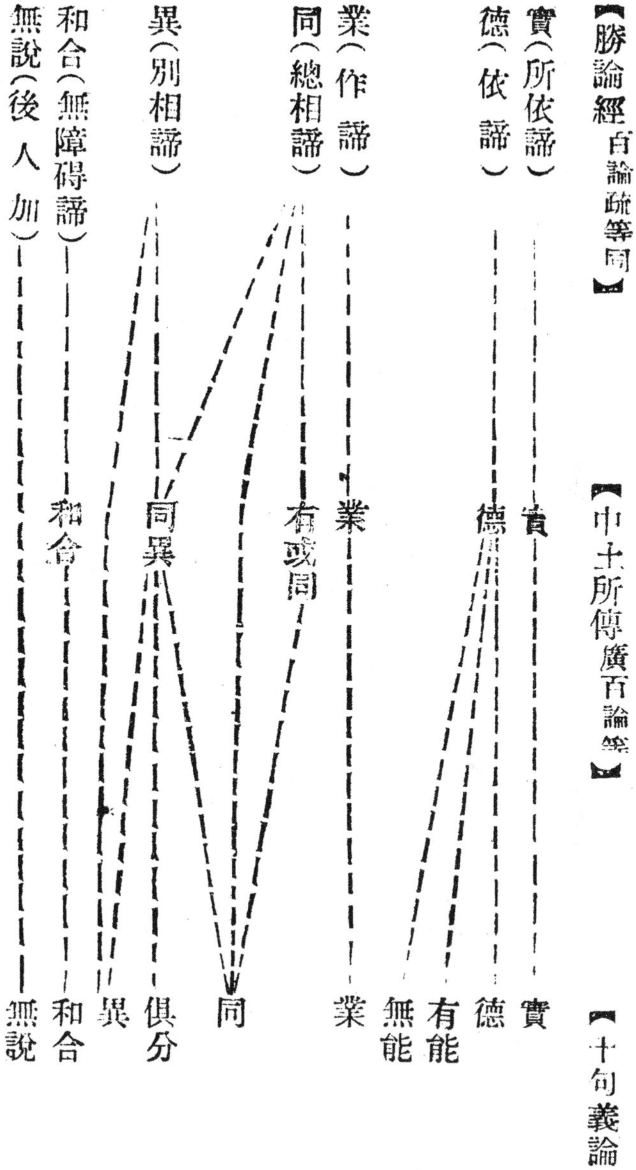

第一實句義。實者僅爲諸法本體，其所顯現則爲德業。德謂屬性，業猶動作，故勝論經曰，實之相在爲有德業者。爲和合因緣。（意謂德業依實而有，是謂和合於實。故實乃和合原因。）

實有九。一地二水三火四風五空六時七方八我九意。

地水火風是四大極微。圓而且常。能生粗色。極微至細。無十方分。（百論疏十二），據羯

一一九

那陀所說。（勝論經）極微既不可分，故極隣虛。雖無量度。而積聚多微遂成有量度之物。其後立說漸詳，如二十唯識述記卷三云：「其地水火風是極微性，若刼壞時此等不滅散在處處。體無生滅說爲常住。有衆多法體非是一。後成刼兩兩極微合生一子微。（按此應譯第二微），子微之量等於父母，體惟是一。（按極微無個性故體非一，子微有個性，故體是一。）從他生故。性是無常。如是散極微皆兩兩合生一子微，子微並本合有三微。（按三微爲三極微成），如是復與餘三微合生一子微，（兩三微又並本合生一子微。有七極微，故名第七。），第七其子等於六本微量。如是七微復與餘合生一子微，（二第七微並本爲第十五微。）第十五子微其量等於本生父母十四微量。如是展轉成三千界。其三千界既從父母二法所生。其量合等於父母量。」（按以上所謂量。解詳後），此殆基所傳也。而印土現傳另有多說。如一謂第二子微由兩極微成。第三子微由二微成，餘以此推。（此恐係羯那陀說。），二謂第二子微由兩極微成，第三子微由三第二子微合成，第四子微由四第二子微合成。餘以此推。第二子微仍無方分。第三子微大如日光中之野馬。按此四大性質各異。地之色青、味苦。香無好惡。觸無冷熱。鼻根爲地所成。水之色白、味甘。觸冷、並無液性爲潤濕。舌根爲水所成。火色光耀。其觸熱。眼根爲其所成。風之性爲非冷非熱之觸，皮根爲其所成。四大具各特性。如吉藏傳，色是火德，香是地德。味是水德。觸是風德。（百論疏三），此通常四大之定義。

空者非同諸大。（原子），勝論經二、一、二七謂聲爲空相。十句義論謂唯有聲爲空。蓋此乃偏滿傳聲之本質也。唯識述記卷五曰：別有空大，非空無爲。亦非空界色。空無爲者。眞正之虛空。空界色者。猶謂空氣。空大乃如以太亦爲傳導之媒介也。空且爲一切活動之地，如百論第九

一二〇

曰：「外曰定有虛空法。常亦徧亦無分。一切處一切時信有故。」（參照本頌之疏）又外曰定有虛空。徧相亦常。有作故。若無虛空者，則無舉無下無去來等。所以者何。無容受處。今實有所作，是以有虛空亦徧亦常。

時者何相。勝論經二，二六曰。時以關於此之此，俱，遲，速，爲相。而十句義論則取波羅夏他巴答之定義。意曰，時是彼或此之俱或不俱與遲或速之詮及緣之因。詮猶謂觀念。緣猶謂認識。故時者，乃對於事物一（彼或此）之同時或異時，遲或速，所發生之觀念及認識之原因也。故窺基解曰。若是彼此俱不俱遲速能詮之因，及此能緣之因，名時。（述記卷五），此乃時之定義，與百論（第九）所言相同。百論曰：以一時不一時久近等相故可知有時。無不有時。是故常。意則與經近似。

方云何。經謂方以起此遠或不遠於他之知識爲相。十句義論曰：是東南西北等之詮及緣之原因。此等者等取東南東北等。勝論謂時方均與空同。體一是常。百論曰：外曰實有方，常相有故。（物均有方。互古如是。故知是有。參照原疏。）

我云何。勝論經卷三詳言之。意約與十句義論相同。十句義論謂我以覺及樂及苦及欲及瞋及勤勇及行及法與非法等之和合因緣之起智爲相。按我爲覺等之和合因緣。即謂體相間有不相脫離性。意則爲覺等之非和合因緣，即謂其中無不相離性。（見下），據論所說，謂我以起智爲相。而所起之智。則爲起我爲覺等之和合因緣之智。此所謂相者，謂徵象。即證明。即謂證我是存在，或我乃存在之相。蓋勝論證我之實有，恆謂覺等必有所依故。俱舍論曰：「必定信我體是有。以有念等德句義故，德必依止實句義故，念等依餘理不成故。又曰。諸心生時皆從於我」

（參看光記卷一百）以此我爲和合因緣。離我則無覺等。二者和合不能相離。非如壁持畫。如器持果，壁壞器傾，畫果仍在。故俱舍曰。非如壁器我爲彼依，此但如地能爲香等四物所依。百論中謂外人證明我存在之相亦復如是。其文曰。優樓迦言實有神，常以出入息視眴壽命等相，故知有神。復次以欲盡苦樂智慧等所依處故知有神。是故神是實有，云何言無。（神字係我之異譯），勝論說我是常。偏一切處，我與覺異，（我爲覺之和合因緣），我爲作者，是有執受。僧佉，人非作者，與此別異。我雖遍滿而數是多。其理由亦如金七十論。則與僧佉相同。

我雖是常，然因前生之業報或法或非法因縛於身體，以是而有輪迴。輪迴必非無因。蓋種子生芽，曷爲非有因。輪迴決非以大梵（吠檀多說）或自性（數論說）爲因，蓋食果各異。因自非一。輪迴之因且應非可見。蓋因生遠果中必不能有可見者爲媒介。輪迴受生必無間斷。蓋嬰兒受乳而自喜悅。而仙人常能記憶前生事蹟。業之傳果悉依行。（解說見後），法與非法爲不可見因。

不可見者。爲一不可思議之勢用。一切天象及有情組織均爲其所支配，故亦爲天然力。又含命運意義，實則原義爲業力，法及非法是也。蓋業爲世界構成毀滅之原因。故攝一切勢用。而後期勝論遂至主有神說，所謂自在天也。而不可見力遂爲神之別名，此勢用又爲其特權矣。

此自在天說在正理宗與勝論混合之後。彼天一切智。一切能，常住。極樂，依世人之業報而使刦始刦滅。自在天在晚期勝論遂爲我諦中之最重要者。彼無身體。遂不輪轉。世人以假智而誤認身體意覺等爲眞我。故各依本業轉迴無已。解脫之方在知六諦，既得六諦智慧。假智斷。悟眞我，而可超出塵世矣。

勝論經三，二，一，謂當與根及境合，有時有智生，有時無智生，此可證明意之存在。十句義論則謂意以覺樂苦欲瞋勤勇行法非法不和因緣所起之智爲相。按和合因緣，謂性不離體。猶如質料因。而一切凡非質料因者則爲不和合因緣。如（一）由德生德。例如合德（我與意合）爲因能生覺樂等。（二）由德生業。例如物是重體爲因生墜下果。（三）由業生德。例如以取業捨業而生離合等德。（四）由業生業，例如此動致使彼動。凡此四因。均爲不和合因緣。和合及不和合二種而外，後人又立有所謂助因。（如十用因。）助因者，如作者因等。

我於覺等係爲親因。意於覺等爲增上因：以有覺等而證明有我（已如上述），以有覺等而亦證明有意。蓋我爲徧滿。如可無意則離身絕遠之塵動亦應生識。今以身內有意爲內具。一切外緣悉必經其媒介乃可生識，故人所知非能極遍是有限制，故因有覺苦樂等而承認（起智可如是解）有覺。故以對於覺等之不和合因緣而生承認爲覺之相。相者。亦指證其存在之相也。

意與我合，乃能有知。意非如所謂精神，而似所謂物質。基師云：其大如芥子。無知有作。其開始之動作，由於法非法。（即不可見），每身各有一意。體僅是微。且是有觸，無有居定。急速迴轉。身上任何處有塵緣，意即往接。故如充徧全體然。

德句義云何。勝論經曰：德之定義爲依一實，無有德，非離合之因，依一實者以一實爲其本體，無有德者，德不能更爲他德所依。非離合之因者，則明德所以別於業也。勝論經言有十七德，謂色、味、香、觸、數、量、別體、合、離、彼體、此體、覺、樂、苦、欲、瞋、勤勇。後波羅夏他巴答又加七德。謂重體、液體、潤、行、法、非法、聲。共爲二十四德。十句義論及後世勝論書均從之。

一一三

色味香觸唯各爲眼舌鼻皮所取。各依極微合成之粗物。故爲眼等所知。蓋微則爲眼等所不知也。

數謂一二三四等。量謂微大短長圓等，十句義論曰：

數云何。謂一切實和合且爲一或非一如二三、四等實等之詮及緣的因如一體，等名數。

按一切實和合者，謂數爲一切實須有之性質。一非一實等詮緣因者，謂對於實之一或非一（二三四等，非一實等者，等謂多實，非等取他句義。）而發觀念（詮）認識（緣），一體等者，謂數例如一性二性三性等也。數之所以不爲一切德等合者，蓋德不能有德也。

量云何。經謂有四大微長短是也。而十句義加一圓體。彼論曰：

微體者。……謂以二微果爲其和合因緣。並爲二體所生之一實的微之詮及緣之因——是名微體。

按微體依二微果，爲其微果性質之一，故曰以二微果爲和合因緣。以此微性乃於二體（父母二微）所生之一實見之，故於此實可有微之觀念（詮）及認識（緣），故曰二體所生一實微詮緣因。

於大體短體長體，十句義論曰：

大體者，——謂因多體而有大體此大體與積極差別所生三微果等和合，且爲一實之大之詮及緣之因。——是名大體。

長體者。謂因多體而有長體，此長體與積極差別所生三微果等和合。且爲一實之長的詮及緣之因。——是名長體。

短體者，——謂以二微果爲其和合因緣，並爲二體所生之一實的短之詮及緣之因。是名短體。

按大體乃因多體而成。故與積極之一種（差別可作如是解），即所生三微及更上各子微等和合。二微不能有大性。三微始有之。故與三微果等和合，三微等合成亦可謂爲實，故大體者，可使吾人對於一實而發生大之觀念（詮）及認識（緣），故爲一實大詮緣之因。短體長體亦準此釋之。圓體有極微極大二種。九實之中四大爲極微。空時方我爲極大。遍滿一切。故亦名遍行。意則非微非大。實爲二微。基師謂大如芥子

別體與數相似。故十句義論別體定義與數之定義文字大同。

別體云何。——謂與一切實和合。且於一及非一實之別詮及緣因，如一別體等。——是名別體。

按別體定義與數相似，惟數者旨在聚，如聚三一而爲三。別之旨在分。如三別體別於二別體及四別體而言。故勝論人釋曰。別體爲分之觀念之因，別體與異句義不同。別體指數。而異謂指一切之異。且異謂爲遮表覺因。別體則僅詮緣之因也。物各有別體。千縷成一衣。衣縷各別。縷中無衣。以此而持因中無果之說。後人傳其理由有七。（一）因果觀念異。無人見縷視爲衣。無人視衣爲縷。（二）因果名稱異無人稱衣爲縷。稱縷爲衣。（三）一因生異果。縷可成布。又可作索。（四）因果之時間異。因前果後，非同一時。（五）因果形異。衣非縷形。（六）因果數異，衣一縷多，（七）若因中有果。則因應只一。而不應有多因共一果。如由縷成衣。應無須助因。（如作者及器械等。）以此七事應知。

合者十句義論謂原不至一處之二物至一處時，曰合。離則反是。合有三種，一隨一業生。

（謂二物中之一能動作），二隨二業生。（謂二物均能動作），三合生。（謂由合物生合如身之與樹合由手合於樹也），離亦有三種。一隨一業生，二隨二業生。三離生。又和合句義與合德不同。和合施於不相離物。合者施於可相離之物。離者施於已合之物。

彼體此體就經及波羅夏他巴答所說觀之，則有十句義論之定義。文曰：

彼體云何。——謂屬一時等　遠覺所待　一實所生，且爲彼，詮及緣之因。——是曰彼體。

此體云何。——謂屬一時等及近覺所待之一實所生，且爲此之詮　緣之因。——是曰此體。

按彼體者。一關於空間，立在此岸，對岸曰彼。一關於時間，根據此一時。另時曰彼。（此解屬一時等，等者取方。）故彼體者。屬於（所待）遠距之知覺。（此解遠覺所待。），凡彼體者均由有此性質（屬一時等。遠覺所待。）之實物而生。（此本文前半。）而爲發生「彼」之觀念（詮）認識（緣）之原因也。（窺基法師述記所解。失却本義。），此體定義準上可知。

覺者謂了悟一切境。（十句義論），量與非量均屬之（經釋）。勝論經與波羅夏他巴答之經釋均以爲聖言譬喻義準等不應另立爲量。均應屬於比量。故量惟有二。現量比量是也。經謂現量有二。一常人之知覺。二瑜伽人之知覺，後人分別名之爲世間與非世間之現量。世間現量僅達實物。而非世間則可對於我，空，時，方，意，及極深微法均可了知。十句義論未言及非世間現量。餘則與經意略同。其文曰：

現量者。——於至實色等與根等和合。時，有了相生。——是名現量。

比量者。——此有二種。一見同故比，二不見同故比。

見同故比者。——謂見相故，待相、所相、相屬故。我意合故。而於不見之所相的境有智生。——是名見同故比。

不見同故比者。——謂 見因或果或相屬或一義和合或相違故 待彼相屬念故及我意合故。而於彼畢竟不現見境（所 智生。——是名不見同故比。

按現量者。由四事合生。一境。謂根等所可至之實之色等。（如極微非根能至，此解與述記不同。）二根。謂四大所造眼耳等。三意。爲內具。四我。爲作者。根外有意有我。故曰根等。須此四事和合而有了相生。

按見同故比者，如見烟故（烟相爲諸火之所同有。故比曰見同，），而憶念此煙（相）恆與火（所相）不離而相屬，故心與意合，而於不見之烟之境發生知識。又如見野牛形狀（相），而憶念此形狀與家牛（所相）相屬，於是我與意合。而於不見家牛之境發生知識。（此在正理宗謂之比喻量），按不見同故比者，一如見黑雲（見因），以至憶與彼相屬之天將雨，而我意合，於畢竟不現見（即天雨）之境而發生一切知識。二如見江中滿新濁水，（見果），以至憶與彼事相屬之上流有雨。以是而我意合。於畢竟不現見境（即上流之雨）而有一切智生。三如嗅着或見霜而憶與彼相屬之地或堅冰，而我意合。於畢竟不現見境（即地大或堅冰）而發生知識。四如見火之光色不憶及焚燒。蓋能焚發光二性均和合於一事（一境）也。五如見臺空而知鳳去。蓋台空與鳳在爲相違也。（述記解說有誤。）

樂苦欲瞋勤勇均爲我之德。樂苦無動作。而爲欲瞋之因，欲瞋爲有動作。因之而生勤勇。

經釋所加之七德中，以行法非法聲爲最要。（餘三爲重體液體潤），行者瑜伽論有之。聲因與聲論如彌曼差立異，亦有詳說。（見引於成實論者頗多），由法非法而有繫縛。故亦爲最

一一七

要。

此中行者爲潛伏潛行之心理，業報之能及久遠者。以凡人作業均留有行也。以此而爲憶念之因，動作之因，（一）如見兵士（此現智）於此，而生種種熏習（此譯數習差別），如士兵持槍軍服等，此印象與我和合，是謂之行。以後各時憶及兵士，均因此時所見，故曰念因。或有時生比智，謂兵爲國毒，見印象成爲種種熏習，而後時均可憶此。亦是念因。二業生勢用，如攢擲等作業，均生一種力，而此力成爲潛伏之行，後如發動。則仍可生動作。故爲作因。凡力自均依於實。如火力依於薪，且僅有質礙實（地水火風及意）乃藏有勢用。念因。述記解謂智種子，作因則如物理學所謂能力也。

十句義論釋法與非法曰：

法云何。——此有二種：——一能轉，二能還。

能轉者。——謂爲可愛身等所生樂之因。與我和合且有一實與果相違。是名能轉。

能還者。——謂爲離染緣之正智所生喜因。與我和合。且有一實與果相違，是名能還。

非法云何。——謂爲不可愛身等所生苦及邪智之因。與我和合。且有一實與果相違。是名非法。

按善行生法，惡行生非法，於人有益名法。於人無益名非法。（見光記），能轉之法未離假智，仍生生死。能還之法已離染緣。（慈恩傳曰。勝論師立六句。此六是我所須具。未解脫以來受用此六。若總解脫與六相離。稱爲涅槃。）即出世間。故一人於世中行善業（法），與此我和合。而來世降生或在天上。或在人間。爲可愛身，以此生樂。（此上解可愛身等樂因與我和合。）

來生食果是樂。是可愛。非如前生。故此生之身（指一實）與來生之果相違。（此解一實與果相違。），二但如此生正智（即明六智）離一切染緣。此等善法與我和合。能斷業報出輪迴。神我獨立永住於善。此所得果可使身離。故此身之一實與果相違。非法使人墮入畜道等。故曰不可愛身。

業句義者經謂爲依附一實、無德、而爲合及離之因。此有五。取業捨業屈業申業行業是也。（十句義論同此。大毗婆沙第十三引之。），所謂取業者自下向上。如自地取球向上拋擲，捨業者•自上向下。如手捨球擲下至地，屈業申業爲惰性及彈性之用。行業爲一切物質之普遍動作。

同異句義則有多說

（一）勝論經立同異二句義。其文有曰：

同詮與異詮（觀念）乃與覺相對待者。（一、二、三、）所謂相對待者，謂同異二觀念乃視其所對待者而言。故牛性對於野牛性，則爲同。而對於動物性、則爲異。（一、二、五、）惟有性（在性）則一切實德業所同。故僅爲同。（一、二、四、）而有邊異（極端之異）則不能同時可爲同又爲異。因此僅爲異也。（一、二、六、）

（二）護法廣百論謂勝論立同及同異二句義。而同者謂有性。餘性則均屬於同異。

（三）十句義論立同異俱分三句義。同句義者謂有性。餘則屬之異句義。及俱分句義。（謂實性德性業性等）

玆就此三說。究其分別之故。實基於勝論經同異乃相對觀念之言。故如十句義論之俱分者、（在該論之末又譯爲同異）其位置在本論同句義及異句義之間。蓋此論中同謂有性，有性一切實德業所同有。無有與之異者。是乃同而不異，故又名大同。（見述記），此論中之異。謂指此牛此瓶。又此一極微甲則凡大千世界一切事物如羊豕瓦罐等。如極微乙丙等。均是彼非此。均與之異。此則異而不同。故曰異。而俱分句義者。如實性。對於地水等則爲同。對於德業等則爲異。如地性，對於瓶等則爲同，對於水火等則爲異。又如牛性，對於黃牛靑牛等則爲同。對於羊豕等則爲異。而黃牛性等亦復如是。凡此均亦俱亦分。亦同亦異。（此依相違釋），自其同言之。則爲小同。自其異言之。則爲同異。（此依依主釋。）

故關於同異可有三種分別。一同而不異。二亦同亦異。三異而不同。第一家勝論經中之六句義。其同諦約舉一二兩項而言。其異諦指第三項。此卽成實及百論所陳之六諦。故百論疏曰：同謂有等。有指第一項。等者等取第二項。第二家窺基所述之六句義。其同諦卽有。指第一項。而其同異諦則包括二三兩項。故與勝論經所言不同。而基師乃謂其說「依百論」，誤矣。（見述記），蓋第一家之同謂有等。而第二家之同僅謂有也。第三家十句義之同。與第一家之同諦異，而與第二之同句義同。亦卽俱舍論之總同句義。光記十九釋此有誤。爲上列第一項僅同而不異。有性是也。（因明大疏卷七，引及有性。可發明此諦眞義，），十句義之異。（與第一家之異相同。）爲第三項僅異而不同。（如此極微是矣），十句義之俱分，指第三項。與第二家之同異句義實不相同，蓋其同異包舉二三兩項而言也。基光二師均謂「當舊所說同異性。」實亦錯誤。今攝取其要。立表明之。

名別	舉例	勝論經	基師述	十句義論
大同而不異	有性	成（實百論）	同（俱舍廣百論）	同
小同：總同異	實性		同異	俱分
小同：別同異	地性		同異	俱分
小同：別類中之總同異	牛性		同異	俱分
小同：別類中之別同異	黃牛性		同異	俱分
小同：（餘類推）				
非有邊異	此瓶此牛	異	同異	異
有邊異	此極微	異	同異	異

總同異，別同異諸名。見因明大疏卷七、九右，可參考。有邊異者。謂極端之異。有九、地

一三一

印度 哲學史略 一三二

水火風四極微種及空時方我意是矣。非有邊異者。謂不極端之異，謂四微所造色。如此瓶別於彼瓶，此牛別於彼牛是矣。有邊及非有邊異，文中誤刊爲邊有異及非邊有異。

十句義論釋和合句義曰。

和合句義云何。——謂合實等不離，相屬，並爲此、銓智、因。又性是一。名和合句義。

按和合句義能合實與德業不離而相屬。此簡合德之有離乃有合。且因有和合而生白屬於雪之觀念。「此詮智」之此字據梵籍應作在此解。蓋白在此雪中。以是和合句義乃爲此詮智之因。

十句義論，增加有能無能及無說三句義。其釋有能無能曰：

有能句義云何。——謂實德業和合。凡共一或非一所造各自果時之決定所須者，如是名爲有能句義。

無能句義云何。——謂與實德業和合。凡共一或非共一不造餘果時之決定所須者，如是名爲無能句義。

按勝論經一，一實可生一實，或多實。或德。或業。二、多實可共同生一同類之實。三、德生諸實或德。或業。四、多實亦然。五、一業生德。六、多業生德。惟業必不能生實。或業。慧月之有能句義。即從此出。所謂共造自果者。或如地水共一而生泥，或如地實與香德而生實現之香。非一者。謂其共一。非一造之義。爲獨自造果。如地微獨自生土地，凡一切共同或不共生長。均因有能。如豆種生豆是也，反之。豆不造瓜（餘果），乃由無能。以此諸義而有有能無能二句義。

無說句義在正理與勝論混合派亦立爲句義之一，（加餘六爲七句義），在十句義論此爲有性

第九章 勝論 一三三

（第四句義之同）之反面。在印度通常分有四種，而此論加一不會無。（金七十論亦有四無之説），未生無者。實或德業之原因尚未至，則不得生，如薪未遇火。則不得燃。已滅無者。謂實德業或因勢盡已生而壞。如輪轉直往力盡則停。或因緣相違已生而壞。如輪轉因手制而停。更互無者。如羊中無牛。牛中無羊。地中無水。水中無地。不會無者。（光記十九誤作不生無），如有性與實等無和合。如風無香德。是風香及有性之不和合。或實等無合，如樹未與手合則亦是無。畢竟無者。如龜毛無因可生。故一向（三時）不生而畢竟無有也。

印度哲學史略

一三四

第十章 正理論

正理論與勝論幾爲不可分之宗派。因其均執自在天，多數我之存在，以及極微所構成之宇宙；而其知識學說亦相同，故嘗稱爲「同宗」。正理經之釋論現存之最早者爲富差耶那所著，即在此釋論二派已未明白劃分。蓋二派淵源雖異，然後經綜合而互相依傍則甚早。在西歷九世紀頃綜合完成而幾可稱爲一派。但勝論注重原在極微之宇宙學說，正理注重知識之眞似與軌式。二者注重究有不同，茲先述本論之原委，再敘其學說。

一

正理一字梵音「尼耶也」。其字根義爲引，爲導。正理原義爲導引至一宗義（結論），凡導引至一結論者爲一理論。凡一理論或眞或似（正或誤），一宗派專作理論之硏究稱爲尼耶也宗。但尼耶也雖原義爲理論，而通常指眞理而言。故中譯此字爲正理，而尼耶也宗中譯爲正理論。

正理論之根本經典爲正理經，說十六句義，全關於知識學說及辯論方術。故此宗究重印度之所謂因明。與勝論執六句義，分析宇宙範疇者不同。故此宗淵源出於古印度之辯論術及關於知識學說。

尼耶也學淵源之一，無疑爲吠陀經典之訓釋與硏求，因關於崇拜儀軌有解釋正確之必要，故彌曼差學之發展，引起邏輯之發展，事實上彌曼差宗所撰著述亦嘗取「尼耶也」一語入其書名，故「彌曼差」與「尼耶也」二字實可互換援用。

古來印度辯論之風行自亦爲其邏輯學發達之一原因，尼耶也宗本亦名爲辯明（所謂思擇明是也，思擇之義亦爲辯，明者謂學，思擇明即辯學）。或稱爲說明。（說者討論，說明者即討論之學）。佛經中常述及佛與外道之辯論。奧義書亦常言及學士之聚會舉行討論。而尼犍子之二道七分法以及佛經所斥之捕鱔說自爲辯論之基本原則。因辯論而發現思辯之原則軌式及立敵對論時之方法規則，自爲因明學發達之又一主要因由。

正理宗之根本經典爲正理經。相傳爲阿叉波達（足目）喬達摩作。此人中文經籍通稱爲足目，而印度則常稱爲喬達摩。現代學者有認爲此二名本屬一人。足目爲其名而喬達摩則爲其族姓。但亦有人認其爲二人者。尼耶也經分爲五卷，其內容約略如下：

第一卷　十六句義

第二卷　疑　四量

第三卷　自我　身　根　覺　心

第四卷　勤勇　輪迴　業報　苦及解脫　似　全及分

第五卷　倒難　墮負

中土吉藏百論疏中所傳摩醯首羅（大自在天）外道十六諦，即相當尼耶也經卷一之十六句義，正理宗信自在天且與尸婆宗之信仰相混合。故吉藏所傳卽正理之說，（吉藏似謂摩醯首羅即尼犍子宗實說）。所謂十六句義或十六諦者名稱如下：

一量　二所量　三疑　四目的　五見邊　六宗義　七論式　八思擇　九決斷　十論議（說）　十一詭論議　十二壞義　十三似因　十四曲解　十五倒難　十六墮負

此十六句義依新譯名稱不盡與古藏疏相同。此中頗有辯論方式，可見正理論之來源固與古代論議之風習有關。

足目或喬達摩爲何人，已不可考。中土謂足目生在劫初，自純爲神話。印度亦稍存有關於足目之故事亦不可信。至若正理經是否爲一人一時所造亦不可知。今所可定者，富差耶那既有正理經注則在其前此經已完成，佛教因明大師陳那所著書中，曾駁富差耶那之說，故富差耶那生於陳那之先，即約在西曆紀元後四世紀之後半。在另一方面言在正理經中顯然曾反駁佛教空宗大師龍樹之學，龍樹約在三世紀，故正理經之出世當在三與四世紀之間。

正理經完成於三四世紀之間，足目作經或只收集前人邏輯及辯論之術而整理爲一系統，正理之學不必始於此經。在大博羅他紀事詩中言仙人那拉達嫻熟「尼耶也」及能分別五支論式之眞似。則至少在第二世紀此學或已具有規模，我國所譯方便心論爲古因明之典藉，此論今題龍樹所造，但其作者不見舊錄時代可疑。故正理之學在經出世以前之歷史書闕難知之，僅能謂其在佛陀以後逐漸發達，直至龍樹以後此學乃大成。

自佛教言正理原爲外學。但佛徒論議必早漸採用此術，故尼耶也宗完成不久佛徒即已深究此學。彌勒無著相傳之瑜伽師地論卷十五即備述因明，於論軌大備。而中土舊說世親菩薩具陳軌式。或著因明之學，法相宗人特所究心。及至西曆紀元後五世紀頃，陳那承世親法相之學，改造因明使此學精神一新，由而此學遂有古新之分。凡在陳那以前者稱爲古因明，在陳那以後者號曰新因明。

自正理經出世富差耶那作釋論之後，因明之學幾全以佛教及耆那教徒之著作爲最盛。陳那在其所造論中極力非駁富差耶那之學說。而勝論經釋論作者波羅夏他巴答之因明似深受陳那之影響。其後正理宗論師烏地阿塔克拉（此實爲一尊號，義爲顯者，此人之姓名已失傳）復作論反駁陳那。其書中提及佛教著作之名，現勘知係法稱所作。而法稱爲陳那以後佛教因明大師。著作中有正理方隅（正理滴），此書中亦論及烏地阿塔克拉。正理方隅之梵本現尚存在，其釋論爲法上所造。方隅及釋論現已譯爲英文。歐美人之研究印度邏輯者多取材於此。佛教及耆那教因明之著作恆爲純粹邏輯之討論。而正理宗諸師所著常雜以宗教及形上學，晚期作者尤其在論邏輯問題中涉及極微、自我，自在天諸問題，其純粹述邏輯者則殊不多見。

正理經最早之釋論爲富差耶那所作。烏地阿塔克拉所造者爲此釋論之疏。婆恰斯巴提密斯拉則爲此疏作記。此外經之注疏極繁。而注疏以外之論著亦異常之多。迨至西元十二世紀競甘沙之著作，只說量論不涉形上學。在新洲（孟加拉）盛行，成爲一派，稱爲奴地阿派（或新洲正理學）。其學辨析細微，如理絲毛。其黨徒著述亦極富，至西元十七世紀有阿難波他論師著作思擇集論，爲近代印度人最流行之正理學綱要，（有英文德文譯本）。

玆就此上略說，表列正理學（因明）之最要著述如下：

一、正理論師所作：

正理經　著者喬達摩（足目）

正理經釋論　著者富差耶那
正理經釋論疏　著者烏地阿塔克拉
正理經釋論疏記　著者婆恰斯巴提密斯拉
思擇集論　著者阿難波他

二、佛教大師所作：

集量論　著者陳那(現存西藏文本)
正理門論　著者陳那(有中譯本)
因明入正理論　著者商羯羅主(有中譯本)
正理方隅　著者法稱(有梵本)
正理方隅注　著者法上(有梵本)

此上略述正理宗之歷史與典籍，以下略述本宗之學說。

二

正理宗一向許有四量：一現量、二比量、三譬喻量、四聲量。此宗謂一切意識情態屬於自我。一切意識情態總稱爲覺。自我爲實(本質)，覺爲此實之德(此本質之性質)。覺者謂於一切有了知，故稱爲覺。但非謂起了知之作用，故爲我之性質。此說與僧佉(數論)不同。僧佉謂覺爲內具，乃指作用。正理宗則覺爲我之性質，實指了知情態。而工具或作用則爲末那(心)。必爲作用，乃爲工具。正理經解釋覺爲智爲知。一切知之成，其條件有四。

一爲量者　即是能知之主觀，即謂有覺之實(自我)。

二爲所量　即是所知之對象事物。

三爲量果　即是覺之結果，亦即上二結合而生之結果。

四爲量　即知之方法

量之定義據富差耶那謂爲「能知之主觀，由之而知對象」，爲量。故量者指知之來源或知之方法。但據此量乃純爲心理學上之意義。後來論師乃恆言量不但由之而生知識，並且由之而生眞知。因此量不但爲方法，亦且爲方式，即知識方法所取之方式。而梵文之「波羅瑪」字義爲眞知，「波羅麻那」字義爲量，即取得眞知之方法。二字音所差不多，其義互相關，但所指實爲二事也。

正理宗所承認之四量中，現量最爲重要。富差耶那有言略曰「當人於一事物由聲量得知時，彼或尚求由比量知之。當人於一事物已由比量得知，彼或尚欲直接見此事物。但如此人已直接見此事物，則彼已滿足而再無他求」，現量對於事物直接知識，而不有他項知識爲之先，其他種知識如聲量（聖言）譬喻及比量，均依於他項知識，即有他知爲之先，至若記憶則吾人有已知之知之謂，但現量則無知爲之先。至若非世間現量則更是直接，當下即是，了無餘依，自更不依先有之知識也。

喬達摩之經有定義曰：「現量者乃生於根與境相接之知，無誤，決定，並不可顯示」。無誤者簡似僞之知。決定者謂此知直取自身，了無增減。不可顯示者謂離名言。由此而現量分別爲二，第一依其不可顯示則有無分別現量，第二依其決定則有有分別現量。無分別現量者如嬰兒初生見物，了見白色觸知堅冷，只有純粹直接了知，又離名言，此爲與外象初接時之純直覺，再進則對外物了知其相及其名，此即吾人日常對於外物之具體經驗，其知決定毫不增減，所謂有分別現量是也。無分別現量雖顯現物之自相共相，但離名言，故其知不分明。有分別現量則了知已備具名言。上二現量均是眞知，此宗於此所說與佛教新因明家所言不同。

現量難題之一爲論全體與部份之知覺。在經中（二、一、三十）曾言有人主張現量亦即爲比量。蓋如人見樹，實指見其一部分，餘則得之於比量。而彼一分不過其全之象徵，此項主張爲經所不取，正理經謂吾人不但對於「白」有現量（一分），即對於「白馬」亦有現量（全體）。此宗人不但認部分爲實在，並認全體爲實在。（由是不但白與堅爲實有，石亦爲實有）。因此現量有二；無分別現量給與吾人以無名言之獨立知感。如有「黃」之知感，有牛性之知感，有和合（句義之一）之知感。三者各別。及至有分別現量乃聯併此諸分子，如「此牛是黃」。蓋正理宗人亦如勝論其形上學主原子積聚而成物。故其知識學說亦可由部分而合爲全體。

由上所言，正理宗執無分別現量，不但有自相（如黃）之知，並且有共相（如牛性）之知。其與有分別現量之不同則如上所述。簡言之，即無分別現量中，諸分子（如黃如牛性）名各獨立，未加聯合，而在有分別現量則所別與能別（牛與黃）聯合爲一（而有此牛是黃）。此項主張與佛家謂現量（無分別）但緣自相之說根本不同。

又此宗後期師有言，在日常知識中有分別現量爲吾人所認知，無分別現量僅由比量而知其有。分別現量不但構成日常經驗，而且有自證之知，（不但有白馬之知，並且吾自知有白馬之知）

第十章　正理論

一四一

正理宗（無論早期晚期）均認有分別現量爲眞知（量）。而佛教則斥之爲似僞（非量）。此宗人言諸法並非唯有自相，且亦非剎那性。諸法本有共相，是故現量亦可有共相之知，此知爲外境所直接給與，故非似僞。至若佛家謂所謂有分別現量者，悉於實事增益，而以類、以德、以業、以名、以實、五項共相加於實事，但此如某事謂屬某類，實則除此事外別無某類。又如某德謂屬某物，實則除諸德外實別無某物，業與有業者，名與有名者，均非是二。而謂持杖之人爲一實，但人自爲人杖自爲杖，不得是一。有分別現量因此既於實事增益餘相餘義如所述五事，故佛家謂有分別現量實爲非量而爲似量　正理宗人對佛家此說根本駁斥，彼等以爲實際上吾人事物之知識非僅只有剎那生滅之自身（自相），而其自相之外之共相（如德等）亦並非自外增益非妄生分別而爲事物所固有。實則吾人了解事物，非有關於類德業等之知識不可。總之佛家謂物之自相爲其所固有。此外增益共相等等係由分別心所增益而非實有。而正理宗師則承勝論之形上學於物之自身，固許爲實有，此外並許德業共相等亦爲實有（許其同屬六句義中），因其與佛家之形上學不同，故其知識學說亦相歧異。

此上所言，乃關於五根（眼等）與五境（色等）爲緣之世間現量。後期正理論師於此外復許有非世間現量。此有三種：第一同相，第二智相，第三瑜伽生。同相者以同（共相）爲此智之相，由心與同（共相）相接而起，此即吾人與一特殊之物相觸（如此烟），而起一同智，因此同智而知一切同類之物（如一切時一切地之烟）。智相者以智爲其相，即因一根所取之智而得他根之智，如見花在遠處而知其香氣。此項直覺爲此量之基礎，此亦爲心之作用，第三所謂瑜伽生者乃行瑜伽行所生之智，如他心智等。

比量爲取得眞知首要之法。根據與一事相聯之相（稜迦）而對之下一判斷。如見此山有煙（相）而斷定此山有火。依此而一比量中計有三端，一對之下判斷（此山），二所下判斷（有火），三判斷之根據（有煙）。三者之中第三最爲重要，此稱爲相，或名曰因。比量之能成立在有煙與有火不離之關係，（即凡有煙者必有火）。此項關係梵言曰毗阿布提，中國舊譯號曰迴轉（般若燈論）。但認因爲最重要並特別注意迴轉關係，恐係佛家新因明出世以後之說，早期正理宗師並未見及此。

正理經（一之一之三二）所陳論式有五支。依通常所列，舉例如下：

宗　此山有火，

因　以有煙故，

喩　如灶，於灶見是有煙與有火

合　此山如是（有煙）

結　故此山有火。

在最早學說中，上列第三支僅舉一特列之事例，而未能陳一普遍原則，此於三事可以見之。第一經述及比量之基本原理僅謂「由與喩之相同，不由與喩之不同，而因證成宗」，此所謂喩顯指特殊之事例（灶），而比量者乃由二特殊（灶與此山）之相同性質而得結論。此種推理精神幾可謂從一特殊至特殊，其注重者不在普遍之原則。第二此第三支梵字曰烏陀訶羅諵，此字原義本指事例（灶）、第三按第四第五兩支原文應云：

合　此（此山）亦如是，

第十章　正理論

一四三

結　故（此）如是。

按梵文原意，此文係緊接喻而來，全文乃謂如灶，此亦如是，故（此）如是之意即因灶而推知此山既有煙故有火。其推理着眼所在全在特殊例證上。

正理經分比量爲三類：一有前，二有餘，三平等見。此三原義甚爲不明。注疏家有二項不同解釋，第一解釋謂有前者自因推果（如見黑雲而知有雨），有餘者謂由果推因（如見江中新濁水而知上游有雨），平等見者自二事之相同性而推知（如見物體移動時其地位變遷，而由太陽在白晝中地位之變遷因知其移動）。第二解釋謂有前者由以前經驗而推知（如由過去知煙與火之相連而知此山有煙故有火）。有餘者指消元法（如謂聲或爲實爲德爲業，而既知其非實非業，故聲必爲德），平等見者謂由感覺可見事之如彼而推知不可感覺之事之亦當相類（如知斧之爲工具須有工匠，而推知心爲工具亦必須有作者，作者即所謂自我）。

自正理經之後，正理與勝論兩宗關於比量雖有論述，然實至佛家陳那大師出世此學面目乃得一新。正理宗關於比量新說雖不自認爲得自佛家，但現在學者多認爲係受陳那影響。蓋其立說精神多與新因明相同也。以下略述後期之正理學。

比量者乃比智之親因，而比智者有其特性與現智不同。佛家謂現智緣物自相，比智則緣共相。此項區分因正理宗之立有分別現量而不能採用。此宗謂在現量中，吾人知物之自相以及共共相，如吾人現在見火炬在前。在比量中吾人所知則僅物之共相，如煙與火之普遍關係（無論現在過去未來）爲吾人所認識，而火之本身固不必現於吾人目前也。

基於有煙必有火之普通必然關係而有推理。此必須經過心理上之思考。故心理上之思考爲比量之特殊性質，因此而正理宗人承認比量有爲自與爲他之別。爲自比量指心理之歷程自心推度惟自開悟。爲他比量須將心知顯於言說。說自所悟曉喻於他。言說之用唯在引導他心使起與爲自開悟相同之思辨。以心理所悟顯於言說實則僅在曉喻他人，而非比量之本身。比量本身係指心之思考。比量見於言說則不過假借名爲比量而實非比量。爲他比量爲何？卽指五支論式，如前列此山有火（宗）等等是也。

比量之基礎在普遍必然關係，此項關係謂之迴轉。如有煙與有火之相迴轉。有煙（因）爲所迴轉，有火能迴轉。有煙爲有火所迴轉，此卽謂每有煙之事例必爲有火之事例。由此而對於此有煙之山，下一斷定謂其有火。但此迴轉關係有正負兩方面，在正面凡有煙之事例（如灶）必爲有火，在反面凡無火者（如湖）亦必爲無煙。前者爲與山爲同品，後者爲與山爲異品。因此正理宗完全之五支論式應如下例：

宗　　此山有火，

因　　以有煙故，

同喻　　凡有煙必有火，如灶，

異喻　　凡無火必無煙，如湖，

合　　此山亦如是，

結　　故如是。

此中喻分兩方面，卽所以表明普遍必然關係爲比智之根本。而喻中明言有烟有火及無火無烟之原則，正顯示其推理之普遍性。至若如灶如湖則不過舉例以表明原則之意義。此項推理並非以

第十章　正理論　一四五

此特殊事例作爲根據也。

比量既言基於迴轉，即謂根據因與宗(指宗之法，法者謂賓辭也)之關係，二者間之關係如何乃爲正因。正因有三相：一、遍是宗法性（或言宗有性），二、同品定有性，三、異品遍無性。此俱如佛家所說。然正理宗後期有人分因爲三種，故比量有三種：

一、正及反　因與宗間關係許有正面與反面關係，如有煙爲因，證成有火宗。有煙則有火（正），無火則無煙(反)，於此二方，均有例可舉(如灶如湖)。

二、僅有正　因只許有正面，如「可知」爲因，而僅許說「凡可知者必可名」，但不能說「凡不可名者必不可知」，因正面有例可舉，但反面則無例可舉，蓋舉任何事物即爲人所知，不能稱爲不可知也。

三、僅有反　因只許有反面，如立量略曰：

宗　地大(極微)與他大異，

因　有地之特性故，

同喻　凡有地之特性者與他大異，

異喻　凡非與他大異者無地之特性如水。

此中反面可成立因有例(水)可舉。正面不能立。因除地大外再無同品之例可舉也。

比量之根據在普遍關係，此關係爲何，且如何得知，佛家法稱之說則謂宗(有火)因（有煙）不離之關係或在其自性同，或在其因起。自性同者指因宗間之自性同，如人皆有死，死是人之性，因起者謂因宗有因果關係，如有煙者有火，火是煙之因。正理宗師對於此關係之意見較佛家

印度哲學史略

爲寬　彼等不但承認有烟必有火，並且承認分蹄者必有角。烟火之間可言因果，蹄角之間並無因果。正理師對於普遍關係之成立亦多所研究，但彼等與勝宗之形上學承認同句義之實有根本所謂共相本爲實有，而其非世間現量中本可直知共相。比量之成立乃由於此。

正理宗通主有比喻量，如人未見水牛而聞其有似家牛，其後見一動物有似家牛而知此即所謂水牛是也。此由與已知物（家牛）之相似而知未知物乃所謂比喻量。其主要之點有二：（一）關於未知物之知識（聞其似家牛），（二）見其相似點，早期論師注重前者。後期論師則注重後者。比喻量所得之知識爲關於一物與其名稱之知識，如見一動物，而因聞水牛似家牛而知此即所謂家牛，此項知識乃在一物之名，與所名之物能生聯繫，而其所以有此聯繫乃因此物與一已知之物相似。

正理宗言有四量，現量比量比喻量共三種已如前述，第四量爲聲量，乃眞知之得自可信人之言說者。此可信之人深知眞理，並以正確方式表達之。故聲量之價值在乎說者之德性（其眞識與表達能力），因此吠陀之教訓亦屬可信，因其造者爲自在天，而自在天乃爲全知者，勝宗不立聲量，彌曼差宗所謂聲量僅指吠陀經典或聖賢所說。正理聲量所攝似較廣。無論屬何種姓皆有可信言說，悉可爲聲量，如人迷途，而問之當地老人亦自可信而屬於此類，可信之言可分爲二類：一可見境，如醫方謂此藥醫某病。二、不可見境，如行善得生天，此則爲仙聖所言。吠陀教訓雖爲聲量，但正理宗師不全執吠陀聲常如彌曼差宗所說。

記憶（舊譯念）爲心理活動重要之一種，但正理宗不許爲量之一，其理由甚爲明顯。蓋記憶無自己獨立之價值，因其根據過去經驗也。在記憶中，吾人無對象之知覺，僅有過去知識之再演，而記憶知識之正誤依賴所再演經驗之正誤，即使過去經驗正確，但因忘記其一部或全部，自

第十章　正理論
一四七

亦不能證實記憶之眞似，因此記憶雖甚重要，但正理宗除少數論師外未許其爲眞知（量）。正理宗人分知識爲二大類：一、覺知，二憶知。憶知生於「行」（潛伏心理印象），故其定義曰憶知乃生於心與我及過去心理所留迹象之特殊接觸。而正理師又分記憶與迴憶爲兩種心理。（如寫字中自含有記憶，但如知於前此曾見此字則爲迴憶。）記憶謂純生於行。迴憶則除行外，並有現在知識對象與過去知識同一之認識。故記憶之特性只在過去之重演，迴憶特性在現在知識與過去經驗之同一。

中土古籍謂足目創標眞似（因明大疏）。以今觀之，正理初期宗師雖於知識多有論列，然於似知所言甚少。錯誤知識之分析，實亦經佛徒詳論以後乃漸複雜，而其最後完成學說亦當受陳那大師諸書之影響。

依比量言，知識之眞似在乎因之正確與否。正因必有三相，違背因之規則乃生過誤，陳那分因之過誤爲三類：一不成，二不定，三相違，正理所談似因過有五類：

一、不定或歧異：此乃由於犯因之第二相或第三相或二相俱犯，而結論不能定，致墮於疑似，此類又可分爲三：

（一）共不定：因不但同品有，異品亦有，如謂此山有火（宗）是所知故（因）

（二）不共不定：因不但異品無，即同品亦無，如謂聲常（宗）所聞性故（因）。

（三）爲不決：宗之有法（卽宗之主辭）極寬，使同品異品均不能立，而第二第三相均經違反，如言一切是常（宗）以是可知故（因）。

二、相違：此類之因能成立與宗相反之命題。不能於同喻中有而反於異喻中有，故犯第二第三相，如曰聲常(宗)所作性故(因)。

三、不成：不成之因可分三類：

(一)所依不成：此卽宗之有法不成，如言空中蓮花香(宗)以似他蓮花故(因)，實則空中並無蓮花。

(二)因自身不成：此卽因不在宗中，而不能爲推理之根據，如言此湖爲實(宗)以有烟故(因)。

(三)迴轉性不成：此謂因與宗之法間關係不一定或不必然。如謂此山有火(宗)以有金烟故(因)，此中關係不成立，金色烟爲不能有之事故也。又如謂此山有烟(宗)以有火故(因)，此中關係爲有限的，蓋只濕薪所生之火乃有烟也。此類似因實與共不定相混，但共不定因，乃普遍關係是有，但不過太寬。此則實在無眞正之普遍關係。

四、實有違宗：此項因乃佛家因明書中所謂之相違決定。對於此因可有他因證成相反之宗。如聲常(宗)所同性故(因)，又常無常(宗)所作性故(因)。

五、爲自違(自相矛盾)：如有一因證成一與經驗相反之命題，如言火不熱(宗)以是實故(因)，此與實有違宗之因不同，因此在本推理中已自己相違，前過則因有另立之宗也。

陳那及他因明師立有宗過及喩過。正理宗人恆不許立此，彼等謂宗只能有猶疑，如宗是眞或誤均不須比量。比量之錯誤專在似因。正理宗之談錯誤除似因以外於論相時亦常涉及。相者陳述事物之相（如邏輯所言之定義）。相不能太寬，以致包含所相之物所無有之事。如言牛是有角動物。相亦不能太狹，以致一部分所相之物不能有此相。如言馬是白色動物，因此他色之馬均不能包括在內。相之第三種錯誤爲不可能。卽此相爲一切所相之所無有者，如言牛是不分蹄動物。正確之相必遠離此三種錯誤。易言之，相者爲所相物之性所以分別此物及一切他物。或相者可謂爲特性，恰用於一切所相之物，不增不減。

除上述錯誤各類以外，正理宗亦嘗論其他錯誤，然大概爲辯論之錯誤，而非邏輯之錯誤。邏輯與辯論術之混合在早期之正理學說尤爲明顯。所謂正理宗之十六句義卽已如此。茲於論列此宗重要學說之後，再將十六句義解釋如下：

一量：正理經中卽已承認四量，惟其內容與後師頗有不同。

二所量：此言知識之對象，包攝正理師對於宇宙之學說，大概與勝論之句義相似。

三疑：當相似性質之混亂或不同意見之衝突，而欲作決定時則有疑，如見遠物直立而疑爲人爲杌。

四目的：人常爲達到某事或爲捨棄某事而有所作爲，此某事稱爲目的。

五見邊：此亦譬喻，卽例證，爲凡聖所共許者。

六宗義（悉檀）：極成之結論或理論稱爲悉檀。悉檀有四：

第一各宗悉檀乃理論爲一切宗所共許者，第二本宗或相似宗所許而他宗所不許之理論稱爲對宗悉檀。第三爲阿地羯拉那悉檀，此乃如許一理論而其他自隨之而立。第四爲阿毗烏拍迦馬悉檀。善於辯論者常用敵人之理論，不加評論，而引申其義，終至表顯其說之乖理，此項敵人之理論屬於此悉檀。

七、論式：此有五，宗因喻合結是也。

八、思擇（或譯斟度）：此蓋思擇於一未知事物而明了其眞性。故此常在乎爲一假設求其理由而屏去其他假設。此非比智，乃心因求確解而躊躇考慮。（故有疑則有思擇）。思擇之一例即所謂一種反證，Reductio ad Absurdum 如欲證明自我是常而先假定自我非常，然如非常則何者受報何者輪轉？故證明自我不能是非常也。此項理論不能給吾人以決定知識，但使人知其反面之不可能也。

九、決斷：如由思擇而超出錯誤，則得決定之斷案。

十、論議（簡稱論或說）：如兩家持不同之論，或立不同之說，一家謂有我，一家謂無我，有我無我乃所謂說或論也。而根據因明之規則反覆推論，以辨別眞似是謂之論議。

十一、詭論議：如辯論目的不在別眞似，而在乎殽亂是非以取得勝利，則爲詭論議。

十二、壞義：如辯論目的只在破壞敵方言論，而自己並未立義則曰壞義。

十三、似因：此在正理經中分爲五類，名稱（一不定，二相違，三所立相同，四理論相似，五過時）與正理宗完成時所用（見前）頗有不同。但注疏家謂其內容前後無殊，其說確否茲姑不論。

十四、曲解：如故意誤解敵方之言而擊敗之則爲曲解。此有三：第一故意解釋一字以另一意義（如梵字那伐一字一義爲新一義爲九，敵用此字爲新而汝故解爲九）。第二取一字太寬之意義。第三取一哲學用字之字面意義（如將中庸天命之天解作蒼蒼之天體）。

十五、倒難：正理經舉二十四種。（後期論師甚少言及），如擊敗敵人而故意立相反之戲論。如人立聲無常（宗）以是所作故（因）如空大（喻）。而答以聲常（宗）是所聞故（因）不如瓶（異喻）。

十六、墮負：設爲辯論時之負相，凡墮入者即認爲失敗，此在正理經中列有二十二項（佛藏如實論方便心論從之），除理論上之錯誤外多爲辯論上之過失。如辯時致無言對答或不能了解（在大衆集會中如經詢問三次而不答或陳述三次而不解均爲失敗）。又如所言無倫次無意義，或所言太多或太少。

總計正理宗之十六句義乃彼宗最早之說。吉藏百論疏言摩醯首羅說十六諦義，其所述大概與正理經相同。觀上述十六義之內容（除第二諦外），全與知識論論理學或辯論術有關，則此宗之原有性質可以知矣。

正理宗既注重研究知識論及邏輯。自不能不討論關於眞與誤之一根本問題。上述所謂量（波羅廝那）乃指取得量知或眞知（波羅瑪）之方法或準則。至若何爲眞仍爲尙待研討之問題。但在研討何爲眞之先仍須研討對於事物是否有知識之可能。佛教徒對於知識之可能有所懷疑，正理經注疏家於此曾加詳辨。空宗謂一切事物自性不可得知識自身矛盾，因此眞知爲不可能。正理師以爲否認眞知之說有量爲根據乎抑直無根據。如無根據則不必論，如有量爲根據則是謂有眞知。又空宗謂一切皆空，故對於事物之知識實不可能。但如謂有思想，即當謂宇宙實有。正理師曰如用思想分析事物爲可能，則謂物之自性不可得爲非。然如物之自性不可得，則用思想分析事物爲不可能有。因此既謂有用思想分析事物，又謂之自性不可得，實爲自相矛盾。

印度哲學史略　一五二

又唯識宗謂一切唯識，見相合一。因此事物不過即知識，亦無所謂對於事物之知識。正理師以爲如此則知識與夢無別。夫知所夢之非眞乃因醒時世界之實有。今既謂一切由心所現，則直否認夢醒之分別（此分別爲吾人所共許）。又如一切唯識則眞知與幻覺無別，又吾人識見可以隨心起落（如吾人可以想象一山或不想象一山），而事物則不能隨心起落，故不能謂一切唯識。

又經量部謂外物實有，但外物具刹那性，此亦不應理。以現量言，由境生識，必是前一刹那之境生後一刹那之識，但現量應只取現在，何能取過去。如謂恰在對象滅壞之時，即有識起，但亦須知吾人所見只是現在非是過去。又依刹那法性言，比量亦不可能。

正理論師執有外境，知識之性乃關於境。必須境有存在乃有知識。而境之有（存在），並不須有知識，知識實不依人之意志而隨客觀之事實。故量知（眞知）者在知事物之本性或眞性。因有定義曰「知物之眞性爲量知（波羅瑪），而此類知識之方法爲量（波羅膩那）。」云何謂知物之本性或眞性？凡如此存在而如是知之，並且不如彼存在而不如彼知之——則謂之知其眞性。譬喻繩索有其如此之存在而不如蛇之存在，如僅知繩之如是存在而非如蛇之存在知之，則是眞知。但如誤繩爲蛇，則係如蛇之存在而知之，（而蛇之如彼存在固非繩所有），此乃誤知而非僅無知也。

正理宗（勝論亦然）以爲事物之關係有二種：一如實（石）與德（堅白）間之關係爲和合。二如兩實間（以手擊石）之關係爲合。至於知覺與外物之關係（如見石）則既非和合又非合，一因知覺雖爲德，但爲我之德而非外物之德，故非和合之關係。二因知覺爲德，故知覺與物間亦非二實之關係，故亦非合之關係。知覺與外物間之關係蓋爲特殊，蓋其關係並非直接。蓋如見一石，石並不入知見中，故知之對象實並非一物質之實物。謂石入知中，不但無此事。而且如所見即爲外物，則錯誤無由發生。又如見一石，所見者亦不能爲心理情態。因如對象純爲心理，則何謂爲知外物。然則見一石者爲何：此蓋石所有性質爲心所見，而爲知覺之內容。此石所有性既非物質又非純心理，而爲物之自所有性。此自所有性稱爲「自色」。故知覺與外物間之關係稱爲自色關係。

一切知覺乃關於物之自色，而自色直指一外在之物質。故知之對否不由自立（或自量）而由他立（或他量）。他立者謂知覺並非自明，而其對否之成立乃在知覺以外。如知覺爲自明，則疑無由生。故知之對否爲事實所決定。依事實以證實，乃對與不對之最後法庭。例有一判斷謂此爲馬，如欲證實此語之對不對，最後在於摸撫此物。又例如見水，如欲證實，其最後方法在於取飲。

因有「此爲馬」之判斷而能乘騎，因有「此爲水」之判斷而能取飲止渴。當吾人所欲（如騎馬如飲水）能滿足時，則認爲判斷正確。故正理宗人謂一切知識在乎引起行動，知識告人以事物之是否可欲。自我並非一純粹之旁觀者（如數論所說），而爲作者。既有欲求且知避害。彼等謂「知識者乃引起欲求以至行動之知見」，故吾人知識之對否乃在其是否導人至於有効之行爲（如有水知而可取飲）。知識之基礎在於人類之需要。而其眞似在乎引起有効之行用。

眞知與似知（或疑）之分別在乎是否能引起行動之成功。幻覺不能使人達到目的（如海市蜃樓閣不可登臨）故非眞知。一切似誤均由於主觀。如行沙漠中，忽覩陽燄，光線閃爍，以爲有水。此則知識對象（客觀）並無錯誤，所見之光實眞有光，光之閃爍亦非空無（不似龜毛兎角之空無）。其錯誤之生在乎見光閃而以爲有水（主觀）。光爲似知之因而非水之幻覺之對象。故似僞之知亦有相常之實在基礎。凡物本如是，而乃不如是知之必有錯誤。此等錯誤學說印度名之爲不如是觀說，彌曼差宗之大師枯馬立拉亦主張此說。

正理宗之宇宙論與勝宗相同。其自我學說由比量成立。此宗謂苦樂勤勇等等不能屬於身體，定別有所屬，此其所屬即爲自我。自我是常，多數而遍滿。雖與身體分離，但其動作依身體乃得實現。自我是無知，須身與我合作乃得有知。知亦稱覺乃自我之德(屬性)。自我是常，覺是非常，自我與覺分別，(自我無知)乃正理師之特殊主張。

正理師主有自在天，此亦由比量成立。蓋世間是所作(是果)，而且其組織極有秩序。凡是所作而具秩序者必有創造者(果須有因)，如瓶是所作必有製造者。須有創造者故立自在天。自在天直接知一切(不須有意或心)。並且常知一切(故不須有記憶)。彼依有情之業力消長而創造世界或使世毁滅。(按正理經中只一次言及自在天，似此宗最初對於神教並不深信)。

正理師信世間一切皆苦。雖間有樂事，但只引導至更大之痛苦，故智人以爲一切皆苦，決不留戀於享樂之生活以致受更甚之苦惱，純粹之自我與物質之身體結合而永輪轉於生死煩惱，輪迴之因爲業力。有情每生之不同悉因過去業力之差異。凡此諸義略與印度各大宗派所執相同。

正理宗注重僞似知識之澄清，正確知識之取得，因而詳硏辯論術以及邏輯。如欲人相信此宗須精辯論術，如正理師不能伏人之口，則不能得其弟子之信心，信心不立，則弟子將無所適從，而趣向解脫之道將不可能。此家古師執十六諦義，其中如墮負等純屬辯論術，而彼等以爲此均有助於解脫，其故蓋在此也。世間有情之被縛在乎以非我者爲我。非我者如身體根心覺知等。如人永以身爲我或以心爲我。則非我與自己永不得離而長輪轉於苦海。如能辨眞似，知量知非量，除

一五五

僞顯眞，則不着外境（非我）。無著則業力滅，由此而不受後有，脫離苦惱。由此而自我獨立，反其本眞。與世間之苦樂覺知等均行絕緣。如此則號爲「阿難陀」，所謂自我之樂是也。

第十一章 前彌曼差論

彌曼差者原義爲理性之探討。此字頗常見於梵書中。凡關於祠事之硏論均常稱爲彌曼差。蓋自婆羅門重祭祀。其儀式日繁重，其影響日擴大，經年既久，疑問常生。因生理論之探討。而漸型成爲一宗。至西紀前約二世紀，而有彌曼差經。（此爲六論經之最早者），相傳爲耆米尼所造。此宗最大論師，爲枯馬立拉及波羅巴伽羅二人。均在八九世紀。立論頗相殊異。

清辯之般若燈論曰；「彌息伽外道所計韋陀聲常。」，法稱之金剛針論曰：「四圍陀及彌蛤娑並僧伽論尾世史迦乃至諸論悉了，名婆羅門。」，彌蛤娑即彌曼差。彌息伽即彌曼息伽（謂彌曼差人），彌曼差一字，固本指耆米尼之宗派。然其後吠檀多亦稱爲彌曼差。乃因耆米尼宗解釋論究祠祀。而曰業彌曼差。吠檀多乃理智（奧義書）之解釋論究。而名爲智彌曼差。吠陀宗系，先祠法，後智慧，而因又各得前後彌曼差之名焉。（耆米尼宗通常僅稱爲彌曼差宗）

本章首略述前彌曼差宗之大略。本宗計吠陀（即韋陀或圍陀）聲常。聲常之說散見我國佛典。因亦稍詳論之。

一

吠陀諸集與梵書常不相符。因而須决定其是非。（因爲判决者故不定以聖言量爲根據），此

第十一章 前彌曼差論 一五七

外經師多另有口傳。年久混亂，納於正理（尼夜耶），因而經說解釋之規律出。歷時甚久，而有彌曼差經焉。此不獨經典祀法所據。即法律亦援引其規律，以得正確解釋。又因韋吠陀而有聲常住之說。因建立解釋規律而有量論。且引申之而研究宇宙天神人我諸問題。故此宗亦自爲一係統。茲所述者，偏於其哲理方面。餘則略之。

本經分十二章，六十節，爲經二千七百四十二。（或言二六五二）內容雜亂，大要約如下列。

第一章　知源論
第二章　儀式行法差別　非量
第三章　聖傳教義上下文之輕重
第四章　諸儀式之互相影響
第五章　儀式行事聖傳各部次第
第六章　行祭之條件
第七章　互相引用祭儀之法
第八章　引用之根據
第九章　引用讚頌之法
第十章　儀式行廢得失
第十一章　並行數法及一法數行
第十二章　因一事特行法

量論　知識有二。一波羅瑪，譯謂眞知。二阿波羅瑪，譯謂誤知。而知之眞性曰波羅瑪尼耶。猶言眞或眞理。證知識爲眞爲誤，則須有證明方法（或標準），是曰波羅瑪那。此皆源出一字。此字均取於計量之量。量論者，一在知何謂眞（或眞理），一在證明眞理方法。

彌曼差主張一切知識均眞。而記憶則有眞有誤，眞者自身即可證實。不賴外事，或他項知識乃可證其眞否。此謂之爲首他波羅瑪尼耶說。易言之卽自眞說。（記憶有待於以前知覺，故可有誤），而正理論則主波羅他波羅瑪尼耶說，即他眞說。其難彌曼差人曰：知之眞否有待於他因。蓋就知本身不能辨其眞誤。而須視知與外界對象符合與否。且知之眞否視其可否達到人之意旨或所希望之結果。波羅巴伽羅答曰：知之有誤。乃由此記憶。如見螺鈿而曰此物是銀。此乃見白色物而誤憶爲銀。又如夢之所以爲幻境者乃非直有知，乃亦由記憶而生。且二知覺相混乃有錯誤。如戴黃鏡所見皆黃。實乃二知相混合而生誤知也。迹其所言，似謂如言符合外象，乃爲眞知。實則外象云何。爲所知耶。爲不知耶。如爲所知。則無符合之可言。（僅一知又一知相合），如是不知，則更何由知其符合。故知識眞誤，僅據本身，不可另覓他因也。

證知眞誤方法有六。一現量，二比量，三比喻量，四義準量，五聖言量，六無體量。波羅巴伽羅主前五。枯馬立拉並主後一量。

現量謂知識之由根境相觸而起。且根須與我接，乃能有知。然根境觸時，有時爲我見，有時不爲我見。可見根與自我並非直接。乃有心爲之媒介。（如心不在則視而不見聽而不聞），現量有二，有分別與無分別是也。（陳那謂現量無分別二均爲眞知比量者，由見甲因其與乙有必然之關係，而對於與根未接觸之乙生知。喻如見烟，且由烟與火爲必然關係，因而知有火。比量由何而生。何以知其眞誤。則歸之於經驗。比量有二。一自悟。一悟他。自悟者，內心推理之歷程。

悟他者，宣說所推得之理。後者指三支。謂宗因喻。三支與錯誤均常依佛家陳那之說。

比喻量者，由未見之物，因其相似，而推知所現見之物。如見野牛而記憶家牛，知其相似。此知謂之比喻。

義準量者，謂由二事相違而生新知，如天授未死，且未在室，而知其外出。枯馬立拉氏曰，如疑其實死，則何以信其實生。既信其實生，而又不見其在室。故立新義以調和之。調和者，義準量之特性也。波羅巴伽羅曰，見天授之未在室。而知其不生。但實已知未死，故準此而立新義。謂其外出。

聖言量者，他量所不能得。則由聖言知之。如祭祀之法，乃由吠陀命令，非由餘量，吠陀之外，聖賢之言，亦可爲量，（聖言量原字實爲聲量說見下）。

無體量，枯馬立拉氏認爲量之一。（即取得眞知方法之一），如謂此案上無瓶。吾人所見者唯案，實不見瓶，而知無瓶。非比量得，亦非他量所可得。故枯氏謂無有亦可爲量。

句義　彌曼差經，對於世界之假實，似未言及。惟其後本師常對佛敎之空宗反駁之。故此派亦爲諸法俱有之宗。而且受勝論之影響，亦採取其句義說。作諸法之分析。枯馬立拉執句義有六。謂實德業同異五者，去勝論經之和合，而加無說爲第六。波羅巴伽羅執八句義。謂實德業同和合有能似數。

實者謂德所依。波氏謂有九。謂地水火風空我意時方，與勝論同。枯氏加暗聲二者。他人尙有加金爲第十二者。德者依一實而非業。波氏謂有十六。色味香觸數量別體合離彼體此體樂苦欲瞋勤勇，此大體顯爲勝論經之說。枯氏則約同於波羅夏他巴答之說。謂有二十四德。惟去法非法

印度哲學史略　一六〇

聲加有能音顯。即上言十六加覺重，液、潤，行，普，顯，有能八者。業者有五。悉如勝論所說。同異和合無說有能四者亦略如勝論。波氏主張似數亦爲句義。蓋因二者不能爲句義所攝也。

彌曼差宗重祭祀。祭祀目的在得未來之酬賞。故須有繼續不變之受者。是曰阿提芒。譯爲自我。（宗句義之一）此與覺與根及身有別。乃永久獨立存在。而近世之論師，多謂此宗自我係非物質者。又爲多非一。因吾人不能直知他人之我。惟藉比量得知。而一人之所知，不必爲他人所知。惟枯馬立拉一派又執我是遍滿，非如極微，亦非隨身大小。各各自我雖均遍一切處。然因法非法（善行惡行之酬報）等，而互相殊異。我是受者，且爲作者。

前彌曼差雖亦認天神爲祭祀之鵠的。然此諸神以外，不言有最高神權，爲創世懲勸之主。因遵守吠陀之法，不須有上天爲助。吠陀是常，非由神造。祭祀之受福，係因無前（解見下）之力。亦非出自天神之仁慈。世界生滅不已。無有刼數。極微之變動，法非法之勢用，均不須有天帝爲之因。簡言之，此宗雖承認吠陀中所崇拜之諸天。而否認支配一切之最高天帝。即所謂自在天也。本論後期論師因不滿於此項學說。而漸附會此宗原執有自在天。至吠檀多德司伽而有自在天彌曼差派出焉。

解脫　常人自我因業之力，輪轉生死，不能解脫。波羅巴伽羅謂解脫之程序首在發心厭此世間。知此中樂亦與苦俱。而求解脫。一方守戒律，使無惡業待報。一方又不有意爲善，使無善業待報。且勤勇精進，俾未熟之業速得報酬。後自制知足。了然於自我之地位。如是自我乃超出輪迴，不再轉生。因而自我在不樂不苦之境界中。枯馬立拉之意見大體與波氏相同。惟頗言僅知識不能直接解脫。（故反對數論之智慧解脫）雖知自我地位，可使人願行祠祀。又祠祀如何舉行，亦均須由於知識。惟努力於業報之消失，乃可解脫。行業有報，因有慾望。故祭祀必以無著心出之。凡不望事之有善果者，即不得此果。果報由於私欲。故吾人有爲而爲，則業無酬。常人祭祀可生福德。然非由神力。乃祭祀自身即有能力。名曰無前。由此而有果報，而有輪轉。如人作業，屛除一切意用，無所爲而爲，無所爲而不爲。則可解脫。斯蓋與世尊歌無着之義大相似也。

二

彌曼差宗旨在闡明吠陀祭祀之法。法者謂人間必須行之事。猶謂義務。不行此項義務。則不能達人生目的。但法者不能由現量得，蓋法須待人之行爲而有。且不能爲感官所取得也。比量餘四，均依現量。故法亦非由之而得。法之知識，實本於聲量。聲有二：一常人之聲。二吠陀之聲。二者無何分別。惟常人之聲，如不發自不可信之人，可以爲量。而吠陀則無錯誤。吠陀及聖賢之言均法之所自出。故又譯爲聖言量。（此爲枯馬立拉說。波羅巴伽羅則謂僅吠陀之命令爲聖量。命令者指使爲祭祀上之行爲也。此意亦根源於彌曼差經。）

聲音合三而言之。一發出之音。二詮或意義。三所指事物。波羅巴伽羅執一切聲音。本爲單個字母。衆多字母相合，而可了知。字母者繼續發出，刹那即滅。聽者受音，對於無字母，繼續起知，亦刹那滅。夫音既繼續壞滅，其能詮之名，（即字）因何而起。答曰，音雖續滅。各留印象，是曰行。此繼續所留之行，相聯合而生能詮之名。（枯馬立拉意與此略同）

然聲者本身能詮。就其體言。無論人了知否，彼自身能有所指。因聲本爲能詮之體性。故聽者聞聲，即曉其意。即謂聲先有此詮，故聞之乃知其意。故詮與字聲，非由人類習慣所生。故一切聲。謂爲常住。（常住之證明有多理由茲不俱說），然必待乎一顯現此聲之機能，乃能爲人所知。此機能乃人發生之努力。故聲者待勤勇無間（繼續努力）而顯。

據我國窺基所傳謂聲論有二說：一聲顯。一聲生。彌曼差者蓋聲顯論也。成唯識論曰：

有執一切聲皆是常，待緣顯發，方有詮表。

此中待緣顯論，（聲顯），謂聲是常，待緣而顯。如法苑義林卷二曰：

聲顯論者，聲體本有，待緣顯之。體性常住。此計有二。一者隨一一物，各各有一能詮常聲。……以尋伺等所發音顯。音是無常。今用衆多常聲爲體。二者一切法上但共有一能詮常聲。……以尋伺等所發音顯。此音無常。今者唯取一常聲爲體。其音聲等但是緣顯，非能詮體。此二之中，各有二種。一計全分，內外諸聲皆是常住。二計一分，內聲是常。外聲無常。非能詮故。猶如音響。故聲顯論總束爲四。計一，計多，各通內外。

待緣發者，謂爲聲生論，發者生也。義林曰：

其聲生論，計聲本無，待緣生之。生已常住。由音響等，所發生故。

因明大疏卷六曰：

聲生說聲。總有三類。一者響音，雖耳所聞。不能詮表。如近瓨語。（瓨長頸瓶也）別有響聲。二者聲性，一一能詮，各有性類。離能詮外，別有本常。不緣不覺。新生緣具，方始可聞。三者能詮，離前二有。響及此二。皆新生。響不能詮。

彌曼差宗自執聲顯。其聲生者，不知指何派。然二者皆主聲常住。想係因此

第十一章　前彌曼差論

一六三

而立吠陀聲常也。

第十二章　商羯羅之吠檀多論

吠檀多者，謂吠陀之衆多，即吠陀之終極也。蓋吠陀宗派約有三系。一業解脫道。天神之崇拜，導源黎俱吠陀。祭祀之繁重，見尊於梵書。行爲之裁制，大備於法經。上承此三，研其原理，定其異同，是曰業彌曼差。或曰前彌曼差。二智解脫道。探宇宙人生之究竟，而歸之於一。自我大梵本體非二。現象世間，如幻非眞。眞智對治無明。而有解脫。此上溯爲奧義書之學說。歸結爲商羯羅之理論。是曰不二之吠檀多。是爲後彌曼差。三者雖認人我與大梵爲一體。然究各有本源。世間衆生各住梵中。非謂幻境。是爲準不二說。而梵者亦世界之主宰，爲自在天。解脫之方，在衆生之信仰，在天帝之加惠。是涉於信仰解脫之說。是亦曰有自在天彌曼差。通常亦認爲吠檀多宗之一派。其論師以羅摩笯闍（Ramanuja）爲巨子。

此三者中業彌曼差已於前章略言之。本章所述：（一）略敘吠檀多之歷史。係舉後二者合言之。（二）略敘吠檀多之學說。則專指商羯羅之作也。

一

吠檀多一語早見於奧義書中。如白騎奧義書之末曰；

一六五

吠檀多中最高密意，　　爲往古之所宜示者，
不應施之不定靜之人。　只可傳與子或弟子。

此所謂吠檀多者，顯即指奧義。奧義書中主即梵即我。已開吠檀多之說。然其內容複雜，且非整齊統系之探討。吠檀多學進展之歷史，即根據奧義書，而繼續整理發明。以至大成於商羯羅阿闍黎之手。大博羅他紀事詩中，常用吠檀多之名。然所指不一。有時指數論。有時指瑜伽。有時指他派他書。通常則爲奧義書之別名。詩中雖不乏本宗義理。然未立爲宗派。然斯項理論必漸蘊釀光大。即在吠檀多經以前已有三說。均旨在釋大梵自我之關係。蓋吠檀多經言及往昔大師數人。而其說之重要者有三：

（一）Asmarathya 之說　自我不與大梵全一，亦不全異。此謂爲分及不分說。

（二）Audulomi 之說　自我未解脫時與大梵異。若至解脫則沒入梵中。此名實分說或二元說。

（三）Kasakrityna 之說，自我大梵毫無所異。此謂不二說，或一元說。

吠檀多經相傳爲跋多羅衍那所造，又名梵經，亦稱根本思維經。其中曾破佛教空宗。故出世必不甚早。說者有定爲紀元前二世紀，有定爲紀元後二世紀，（此外尚有他說），似以後說爲近是。本經之注釋甚多，最要者爲商羯羅及羅摩奴闍所作。前者執一元。後者非執一元。

吠檀多經最大之注疏爲商羯羅所造。然彼經作者似實不執一元。故羅摩奴闍之解釋，較近於經之原旨。蓋經中雖反對數論勝論之說。然亦無商羯羅如幻義。雖認衆生出於大梵。但對梵亦爲獨自之眞實物質。世間亦復如是。惟彼經簡澀。須注釋乃可通，各家因其意爲之解。後世又認爲

韋紐天派之經典，故此類注疏亦甚夥。

經出世後約五百年。而高答巴達作曼都吉頌。始主絕對一元之說。相傳彼爲歌文達之師。而商羯羅爲歌文達之弟子。商羯羅曾言吠陀中之絕對一元主義由高氏而復興。據此言反證可知經之著者，似非力執不二說者也。本頌據曼都吉奧義書，敷陳新理。謂自我有四位。一覺我，二夢我，三深眠我位。而最上之我，不見，不取，無相，無願，不可說。與自我爲一味。安靜，吉祥，不二。世間顯現，均依於此。宇宙萬有依世俗諦，則分爲二。依第一義諦則悉如幻。一切諸法，不生不滅，一切是空。智者念一切是苦，而滅愛欲，無著不動，泯除分別，以達一切智。

佛教空宗清辯之般若燈論卷一，述外道言：唯是一我，如一虛空，瓶等分別，皆見其假，云云。似指高答巴達之所言。蓋謂梵如大空。小我如瓶中之空。瓶中之空，來自大空。爲大空之一屬性。本質全同。小我發乎大我。而爲大我之一屬性。本非相異。亦復如是。瓶中之空爲瓶所限。乃別於大空。小我亦暫依於身體，而宛然若外於大我。瓶破則瓶中之空，融於大空。身體之限若解，小我眞冥合於大我。即瓶未破時，瓶空豈判乎大空。身體之限，但似有非有之幻影，初無小大我之分也。

高答巴達所言蓋在龍樹無著以後。而深受其影響者也。其如幻之說，既有取於般若宗。而所用名辭，亦多同。如繩蛇陽焰鏡影火輪諸喻，均見於佛書。而其四之九十八九十九，謂一切諸法自性淸淨虛空。諸佛解脫者及導師首先知之。此外尚有數處，似爲讚佛之言。

商羯羅阿闍黎雖闢佛教空宗。然仍被斥爲隱藏之佛徒。蓋彼繼高答巴達之後，而發揮不二學說也。其年代約在西紀後七八八至八二零，其目的謂在光大奧義書及吠檀多經之教義。作吠檀多經注最爲宏大，（亦彼經現存注釋之最早者），又注奧義書之重要者及世尊歌。（奧義書吠檀多經及世尊歌爲本宗聖典。後稱爲三源。），相傳其著述極多，然是否均其所作，則實可疑。商羯羅大師爲印度所最尊崇。相傳其因吠檀多教人凌亂無序。乃分之爲十部。各以其弟子一人領導之。至今此宗出家人，猶分十部。各以大師弟子之名名其部。又在印土五四大寺，爲本宗人居處，至今猶存，其勢力及於全印。而後世印度神教，亦多受其教澤。至若謂商羯羅辯才無敵，摧殘釋迦耆那教徒，焚其典藉，則不盡可信也。商羯羅以後，吠檀多宗之發展有二大事。一神教各派之興。二一元說之變化。

神教各派之興似由羅摩拏闍一人之力。彼造吉祥注釋，（吠檀多經之釋），風靡一時。各派神教因均致力於造注疏以自張其軍。故此類書至繁多。不能備舉。不二主義在商羯羅以後。著述至夥。然漸引他宗學說入本宗義。而採數論說爲猶多。在十五世紀沙陀難陀，著吠檀多精要。簡明便初讀者。然已雜以數論之說。蓋近世印度各論，常有混合之趨向也。

二

吠檀多之根本宗義，爲梵我合一。「彼是汝」「我即梵」，吠陀文學中已申此意。蓋梵者存在之常理。萬千世界，因其力而生，而依住。歸原還滅，亦入於是。我者如依正智 即個人自我——吾人之眞實內質。此梵此我本來是一。各人之自我非梵之一部。亦非梵所轉變。完全即彼常住不可分之大梵。

但經驗未顯此項同一性。其所表現爲名色之多性，之複雜性。個人自我爲其一部。而有賴於生長壞滅之身體。

吠檀多宗之根本義亦違反吠陀之祭祀法。蓋此認身雖生滅，我則常住。且許我數是多，各別於梵。諸我經無終之輪迴。棄此身體，復入彼軀殼。來生情形，悉視此生作業而定。

但經驗者源於世界諸量，（如現比等），而吠陀祭祀暨其禁勸命令禁止，亦基於邪智，幻想。是曰無明。無明所詔，恰如夢境。方人來醒，認爲眞實。精密察之，則知無始之無明者，謂自我不能知彼與彼所附之限制迥然各別。此限制者，（舊譯應爲所依），爲身機能業三者。三者中僅身於死時滅壞。餘仍隨我輪迴。無明之反面爲明，亦名正見。由此而我自別於限制。了知此限制。乃根據無明。僅爲幻想慢執。因是而彼乃與唯一全在之大梵合而爲一。

正見不可自世間諸量（如現比等）得。亦非吠陀聖典所可指定爲義務。（法），因二者均源出無明。不克超脫。明之來源，專在隨聞。隨聞者，謂吠陀。包羅其業之部與智之部而言。智之部指散見於吠陀頌及梵書中之若干章。並特指奧義書。所謂吠檀多即吠陀之終的是也。全部吠陀無論其業部或智部，本頌之全體或梵書或奧義書，均非源出世間。乃梵呼吸所出。而爲人間仙聖所見知。吠陀是常。宇宙毀滅，而彼常存於梵中。世間諸事均存於吠陀聲內。成毀之初，梵依吠陀而造天人獸等。然後由梵之呼氣，而吠陀乃顯示與天人獸等。業之部，示以行爲軌範。以幸福爲目的。智之部，爲正見之因。其果無他，乃爲至樂。至樂何謂，即是解脫。正見之來，非自思擇，亦非由遺傳。（此對隨聞而言經典數論瑜伽及摩奴法典大博羅他紀事詩等），二者僅因其根據吠陀，而解釋補充之，亦可謂爲眞理所由來。但此已爲第二義。

說梵 人我之最高目的在解脫。易言之即自我輪迴之停止。輪迴之停止。在認識個人之我與最高之我（即梵）本無殊易。故明（或正智）之內容，即爲梵或自我之知識。梵我二字固可互換用也。但關於梵有二種知識。上明及下明是也。上明者以正智爲鵠，而解脫即其果。下明之目的，不在知梵。而在梵之崇敬。視其崇敬之程度，乃有行爲成功，而有幸福。而漸近於解脫。上明以上梵爲境（對象），下明以下梵爲境（對象）。

是以吠陀分別梵之二色（形式）。上梵，即無德（性質）之梵。而下梵則有德。吠陀之教謂前者漠然無德，無分別，無行相，無所依（限制）。然爲崇敬故乃立下梵。有各項德，有分別，有行相，有所依。

同一事不能有德又無德。不能自身有行相又無行相。梵固無德無分別無行相無所依。但如無明爲崇敬故被之以限制。則爲下梵。被梵以限制，僅爲幻象。如紅色放射，而結晶體幻現爲紅。但晶仍透明，不爲紅染。故梵之本質無明被以限制。實並無變化。上梵體性無德，無行相，無分別，無所依。彼乃「非麤，非細，非知，非長。」（大林奧義書三之八之八）」，「不可聞，不可觸，無行相，不壞滅」。（迦塔奧義書一之三之十五），彼「非如此，非如彼」。（大林二之三之六），易言之，無形，無觀念，可表示其體性。故謂爲「不同於吾人所知，亦不同吾人所不知」。（由誰奧義書一之三），「言語思想遇之退縮，不能達彼」。古昔仙人白伐，因有問以梵之體性，而用默然答之。（吠檀多經釋三之二之十七。）

無德之梵僅可以一事稱謂之。即彼非不實有也。故彼爲實有。但就通常經驗言，彼固可謂爲不實有。聖典又進而詮定梵體，曰如鹽塊，通身均鹹。梵亦全爲純碎知識。但此二詮釋，本亦非二。

存在之體，即純知。知之本體，即存在。故梵非有二性質也。有時喜亦謂爲上梵之性質。但非就其本體而言。或僅視爲消極之性質。即脫離痛苦是也。蓋僅梵乃可謂脫離痛苦。因聖典曰：「一切異於梵者悉受痛苦」。（大林奧義書三之四之二）

無德大梵之不能詮知。乃因其爲萬有之內我。因其如此，故毫不可否認。彼之所以不能詮知，乃因一切認識，彼爲主觀。永不爲對象。但聖者在散羅達那定中，自外界對象，收斂諸根。而以諸根靜觀一己之內體。則梵可得見。如知吾人內我，即無德梵。且信名色組織之不實，則有解脫。

上梵如加以純淨不可超越之限制，則爲下梵。在聖典中，如加梵以任何限制或性質行相分別等，則係指下梵。下梵之建立其因不在知識，而在崇敬。崇敬之結果及其作業，非爲解脫，乃爲幸福。（多指天上幸福），但仍爲輪迴所限。天上之自在，由敬下梵，而於死後經天之道得之。但可引入全部了知，故可解脫。此之謂漸進之解脫，然因崇拜梵者，未全燒卻其無明。故完全解脫不能爲其直接結果。因無明者乃限制上梵而使變爲下梵者也。上梵雖有如是限制，然不動其毫末•夫色光之射於晶體，日影動搖於水中，烈火焚於空間。其晶日空間，亦何嘗有關涉耶。

下梵之解，至爲複雜，姑分爲三事述之如下：一就汎神言，彼爲世界精神。一就心理言，爲個人靈魂。一就神教言。爲有個體之上帝。

此中關於第一事特約舉聖典中之要言。在唱徒集奧義書三之十四，梵稱爲「全能全智全嗅全味者包含天地默然不亂者」。或謂日月爲其目，天之四隅爲其耳，風爲其呼吸。或謂梵爲諸光之源•爲超乎天地之光月。梵分爲名色。梵爲生命原素，一切有情之所自出，大千世界動搖其中。

梵爲內宰。宇宙秩序之原理。又爲津梁，諸世由之而分闢，不致混亂。而日月天地時間年日之分別，由之而有。並爲世界之破壞者，一切均收沒其內。（均見奧義書）

旣如是言梵之廣大。又復詔示其爲最細小。是謂爲心理之原素。故謂其居於身之中堅，心之蓮花。爲侏儒，長如一指，或一寸。小於芥子，大如針端，爲生命之原素。爲旁觀者。爲瞳子。類此之譬喻甚多。

最後上梵歸結而爲有個體之神。即謂自在天。奧義書殊未詳明此義。在吠檀多，則甚重要。因自在天之允許，而有輪迴。因其恩惠，而有達解脫之眞智。如植物種子，因雨而各發生爲草木。自在天依人類前生作業，而造新生命之限制。命令自我何者作業，何者領受。但吾人須知梵之人格化。而爲自在天。爲世界之主宰。乃僅就經驗言之。此義固根源無明。依嚴格說，實無實性。

說宇宙　上明下明之教不獨於梵（見前）於死（見下）有之。即宇宙及有情均可作如是二方面觀。世諦及第一義諦是矣。梵創造此世界，諸自我有所限制遂有個性輪轉不已，是世諦也。梵我同一，執一黜多，因而否認世界之創造與存在並及自我之個性與轉迴。是第一義諦也。惟二諦之分別常不嚴。依此二諦而論梵論死以及世界有情亦詳略不均也。梵論與死論之上智下智，與宇宙及有情之世諦第一義諦，須密接爲一統系。學說乃可圓成。以此而前二者之下明，應與後二者之世諦相合。而爲無明所生之宛然實有學說。又凡人不了悟梵我同一之理。此學說亦即可引起世間宗教。最要者僅下梵，而非上梵，可認爲宇宙之創主。蓋第一創造，須有多數之能力。而多數僅可用之於下梵。第二聖典所謂「全能全智全嗅全味」。可證梵有多數創造能力。此亦謂爲指下梵而言也。

奧義書謂梵創此世。然後由個人自我入此世間。未言創世以前，自我已在。或世間循環創造，刼復一刼。依奧義書之意，已含世諦及第一義諦。二者並立。然未多發明。其第一義諦乃梵我之同一。其世諦乃經驗世界之發展。在吠檀多宗此二義完全分離。在第一義諦，有梵我之同一，而無世界之生住滅。在世諦有世界之創造。而無梵我之同一。蓋因限制而有個人自我。個人自我，無始已有。如不解脫，則其輪迴，亦且無終。創世說亦變成刼數說。自梵開展，而有世間。後復滅壞，沒入大梵。（此之謂一刼），沒入之後，重又開展。如是循環。亦無窮盡。

自我極微在世間復沒入梵時。則其存在僅爲功能種子。及世再造，仍自梵出。毫未改變，故持此新說而創造之原義全消失。但吠檀多之所以尙言創造者實因吠陀有之。在本宗則其目的不在世界之創造，而在世界之永存。但爲救吠陀之言，遂言循環開展與還滅。而又因須持世間是常，故言此輪環創造，應無止期，且不能變改固有之秩序。此循環刼數之存在，則由於道德之要求。如後所說。

宇宙有情依世諦言，則從無始來，輪轉無已，從無始來，別於大梵。一切個人自我各各存在。依勝義諦，我本卽梵。但囿於限制，而與梵分別。限制之中，除業以外。有細身所附之心理機能。（根心及首風），有時廣義言之。粗身及外境亦稱爲限制。死時僅粗身滅壞。細身及其機能，從無始來附於自我。復隨此我輪轉不已。輪迴之我，亦爲業附。業者（或祭祀或道德）乃作於生時者。業必受報，故輪迴無已時。無業則無人生。故人生未有無第二生爲其果報者。作上善業，得生天爲神。作極惡業，墮生爲動植物。卽在此生，毫不作業，亦須轉生。蓋特殊之善惡業，有須食報數世者。此業身如不爲智慧所斷，則爲無終，輪迴因亦無終。

感覺世界之開展，就其本體言之，不過業報加自我以負擔。常言謂世界乃「業加於作者之果報」。世界爲食(所享受)。自我則一方面爲食者（受者）。一方面爲作者。而二者必與前生行動恰相符合。業與果（包括來生之行爲及苦痛）之關聯非業之不可見力。實爲自在天。自在天者，梵之個性化。僅世諦有之。彼依前生所作，而於來生加自我以行爲苦痛之報應。

在世界還滅後之再造，如輪迴然。亦依道德之要求。因自我雖沒入大梵。然仍與業之種子繼續存在，業待果報，故須不斷之宇宙創造，卽梵之分子之發展。茲稍詳其步驟於下：

創造原字爲息休提。義爲湧出，爲流溢。創造之初，首從大梵流出者爲空。此空者如以太，爲遍滿可見之空間。其質細微。然後風從空出。火從風出。最後水地依次流出。每次極微之所從出。實非極微自身。而爲梵所幻化之極微。在世界滅壞，則地首沒入水，水入火，火入風，風入空，空入梵。

空爲耳根所取。風爲耳身二根所取。火爲耳身眼所取。水爲耳身眼舌所取。地爲耳身眼舌鼻所取。但世間萬有，均極微之和合。每物中常有一項較多。梵既創造五大極微。彼因個人自我遂入其中。（此奧義書說），蓋此宗義輪迴之我，卽在刼壞，亦有功能之存在。及次刼初，世諦幻境又起。而自我如自深睡眠復覺。依前作業，而受神人獸植物諸生。方自我輪迴，其細身帶有物質種子。經粗質增益，而爲粗身。同時潛在之心理機能，亦遂開展。關於植物之機能。書未明言。或者仍是潛伏並未開展。

身體爲活動機關之組合。爲名色所構成，卽極微之組合。自我爲此組合之主宰。身體從三種物質生。粗質，中質，細質是也。依此三分。糞肉心出於地大。尿血首風出於水大。骨髓語言出於火大。但細身輪迴已附有首風語言與心。似與此說不符。然或者彼指細質而言。此則指粗質。在輪迴身，一切原素俱備。後天滋養，而成粗身。至若人類等入胎，亦有詳說。茲始從略。

撮泥爲瓶，瓶泥原本無異。其所以有分別。乃依語言，僅爲假名。全宇宙亦本爲梵。質外無存在，亦無有別於梵者。

本宗五義較吠陀更進一步。自第一義語言，名色之開展，色現之多非一，乃因無明所創，所持，所加於自我。乃出於邪智，乃爲執慢。須用正智去之。如誤繩爲蛇，誤杌爲人，誤陽燄爲樓閣。若精細觀察，虛幻自見。全世界僅爲幻景。梵如幻術師，自現幻境。然術師本身，並不受其所化幻象之影響，又若幻師用其術化爲多形。梵因無明而成爲多。亦復如是。又幻術家爲幻化之因。梵亦爲世間長住之因。而梵又能沒收世界入自身，亦猶大地沒收衆生於自身。

由無明而世界有多項之活動及多項之能力。無明邪智與生俱有，故不能推究其來源。如眼根不健，月本是一，視之爲二。無明之於宇宙，亦復如此。依通常所言，宇宙之無有，僅爲相對而非絕對。此名色所成，如幻之宇宙，與梵非一非異。如夢中境，大夢未覺，名色爲實。大夢既覺，則非實有。

此唯心學說，首見於奧義書。吠檀多見吠陀有創世之說。因持世界大梵同一。俾二說得以相應，故持體性常住。相則常遷。因梵爲體。世間爲相。而梵爲宇宙之因。宇宙爲其果。因果同非異而是同一也。

說有情　宇宙名色基於無明。猶若夢境，幻而非實。但此中吾人自我本爲實有。自我不可證因一切證明，悉依於我。自我亦不可破。因否認自我實卽承認自我。（此似笛卡兒「我思故我

第十二章　商羯羅之吠檀多論　一七五

存在」之意）

夫此自我，其性若何，大梵包含一切，自我於梵關係又若何。自我不異大梵。因梵之外無何存在。然梵是不變，故自我非梵所轉變。梵不可分，故自我亦非梵之一部。因此而立說梵與自我本是同一。吾人各個自我即是梵之全體，即是不可分不變遍滿之梵。

由此言之，凡解釋上梵之性質，亦可用於自我。梵之自性爲純知，自我亦然。梵不可表，因一切詮表均加梵以限制，而梵則無限制。自我亦實可遮而不能表。故自我亦超越空間。易言之即是遍行。自我亦全智全能。既非作者，亦不受苦樂。是謂之第一義諦。

自我之實相既如上述。凡與其實相相違，被以限制者，均由無明而起。限制包舉一切自然存在。由此而有輪迴之我。我既輪迴，即非徧滿。而住於肉團心之末那中。由此而其全知全能亦均潛伏。（如火之光熱潛藏木中），而非全知全能。又由此我遂爲受者作者。而此生所作，須以來生之享受作業爲果報。復因來生之作業，亦須有報。故我縛於輪迴，永無終了。

是諸限制，使梵變爲作受之自我。凡粗身及外界一切事物關係外，均爲限制，（粗身死時滅壞）限制如下：

（一）心（末那）及諸根

（二）首風

（三）細身

此三項永久機能從無始來賦與自我直至解脫。此外則有（四）變動之原素。或可謂爲德性之

印度 哲學史略 一七六

限制。玆分言此四者如下：

有情命終粗身及器官（眼耳手足等）悉滅壞。惟其器官之功用，縛於自我。而是常存。此之謂根。根者生時自我以之探索。死後收入自已。諸根爲有情知識二方面之根據。一曰知覺，一曰動作。故有五知根：眼耳鼻舌身是也。有五作根：手、足、口、男、女、大遺是也。此十根者總管於居中之心，一方就知根所得而有知識。一方命令作根等而有行爲。故爲了別及意志之總和，諸根遍布全體。而心大如針端。住於肉心內。充遍末那心中。自我如未解脫，與心不能分離，然僅因無明，縛於諸業乃變爲作者受者。實際則超出諸根僅爲觀者。故雖沈沒世間法，而其本體毫無執著。

首風者在奧義書本義爲口出之風。在吠檀多義爲生命元氣，此亦附於自我。然不若根心與自我關係之密切。心與根者蓋爲知作機能所施設之個體。首風爲根心所依。則爲自然（或生理）生命之本原。此有五：（一）出風。調理出息。（二）入風。調理入息。（三）介風。當人之呼吸暫停賴此風生命得持續。（四）等風。爲消化本原。（五）上風。前四者維持生命。而上風則於死時，導自我脫離身體。（彼時根心首風均離去），此五者即數論之五風。而解釋不同。在生根心首風爲管理身體機官之能力。死後均蘊藏如種子。及至再生又長成爲身體之官能云。

自我輪迴所帶之事有二。一心理之原素，根心是也。一身體之原素，細身是也。故商羯羅曰：原質之細者爲身體之種子。然細質究與粗身如何關聯。則未明言。細質構成細身。爲物質而不可爲官感所見。又爲有情體熱之源。故方命絕時。根等及細身隨我輪迴。脫離身體則體冷。

心理組合（根心，風細身）永附於我，且爲不變。除此以外，隨我輪迴。又有變動之限制，是爲德性限制。卽有情在生所蘊蓄之業。細身蓋爲物質根基。業爲德性之根基。來生之苦樂享受及其作業均依於此。

輪迴之我有四位：(一)醒位。在此情態，自我住於心中，總理全體。以心根爲工具。有知有作。(二)夢位。諸根不動。沒入心中。心獨活動，自我爲根心所圍繞。循血管遍流身中。見醒時之熏習而有夢境。(三)熟眠位。心與自我亦相脫離。心根不動。隱入首風。首風在熟眠時，亦有活動。這時自我暫離限制。經心中之空而入大梵。及人既覺。自我離此與梵同一之暫時情狀。而個性之限制又起。恰返前狀。(四)死位。此於下詳言之。

說輪迴　死時根入於心。心入於風。風入於我。我附有業力，而入於細身。諸分子既集於肉心。而發光明。照其所應循之道路。上風導此我及其限制出於身體。凡有下智者，我自頭出。有無明者，自他處出。有上智者，無所謂出。既出之後，其道分散。作善業者趣祖先之道。有下智者向天神之道。惡人無善業，而且無智，悉屏除於此二道之外。

作善惡者均依其道輪轉。而有下智者行吠陀所載之祭祀。其智不能知梵我之同一。故以下梵爲對象而崇拜之。死後則經天神之道入下梵。而得自在。自在者超人之能力。於一定限度中，可滿足其一切希望。然當自我入下梵中，正見亦可顯示其前。而入永久完成之涅槃。此經過悠久程序，故謂之漸進解脫，而眞正之解脫，實指卽在此世間直接解脫。

說解脫　印度各派均以個性生存爲苦，而探討離此之可能與否。早在吠陀(奧義書)亦以爲世間實無可樂。吠檀多亦持悲觀，惟不甚顯著耳。解脫生存繫縛之方，不由作業。因善惡業，均有果報。須再受生輪迴，至無已時。亦不由道德之滌淨。因此只於可變事物中有之。而自我之於解脫，則實不變。故解脫不在發展或活動。而在撥開無明。了悟眞際。故曰「從智慧得解脫」。當自我知其與梵同一，此智即是解脫。個性之自我，遂與遍滿之精神爲一矣。知自我則得解脫。此自我原非他，卽吾人知識之主。因此不能爲根所取。蓋「見之見者，汝永不能見」。（大林奥義書三之四之二），彼非對象（客觀），故不能取而察之。又不能隨意知之。即求之聖典，亦只可除障，而不可達智慧。凡物之可見與否，悉視其是否顯現於吾人之前。故求識自我，亦依賴自我本身。在下智以自我與吾人對立。謂之爲自在天，而崇拜之。則得智慧須由神之加惠。在上智，自我絕非知識對象。此智從何而起，不可言說。

智慧雖不可言說。然許有助因，欲達智慧須誦吠陀且有四需要。一分別常與無常。二捨離一切功德之享受。三得六法。（安定，制感，捨棄，忍耐，三昧，信仰），四亟求解脫。此外本宗又以爲作業可以節制情感。禪觀可以漸近智慧。故二者亦本宗所常言也。

智慧者直指梵我之同一。由此而世間如幻。輪迴非有。過去作業，均立消滅。我非作者。亦非受者。爲業果，亦是虛幻。若人得正智，諸善惡業，未得果者均不再爲輪迴之因。智者旣覺，則永解脫。「其神不失，而是大梵，而沒入於大梵。」

第十二章　商羯羅之吠檀多論
一七九

印度哲學史略

一八〇

參攷書目摘錄（以易得或編者所用者爲限）

一 印度哲學宗教通史

Dasgupta: A History of Indian philosophy Vol. I., II.

Sir Charles Eliot, Hinduism and Buddhism, 3 VoLs.

Radhakrishnan, Indian Philosophy, 2 voLs.

Hiriyanna, Outlines of Indian philosophy

Hopkins, Religions of India

Masson-oursel, Esquisse d'une Histcire de la philosophie Indienne

Farquhar, An Outline of the Religious Literature of India

二 吠陀宗教

Macdonell and Keith, Vedic Index

Keith, Religion and Philosophy of the Veda, 2 VoLs.

Kaegi, The Religion of the veda

三 梵書及奧義書

Eggeling, Catapatha-Brahamana S. B. E. (Eng. Tr.)
Hume, The Thirteen Principal Upanishads (Eng. Tr.)
Deussen, The philosophy of the Upanishads (Eng. Tr.)

四 沙門外道

Barua, Pre-Buddhistic Indian Philosophy
Law, Historical Gleanings
沙門果經（見中阿含及中部）
梵網經（仝右）
Rhys Davids, Buddhist India

五 耆那教與邪命外道

Jacobi, The Gaina-Sutras 2 Vols. S. B. E.
Stevenson, The Heart of Jainism
Jaini, Outlines of Jainism
Jacobi, Jainism, E. R. E.
Hoernle, Ajivakas, E. R. E.

六 佛教（以英文著作爲限）

Warren, Buddhism in Translations
Rhys Davids, Buddhism
Kern, Manual of Indian Buddhism
Poussin, The Way to Nirvana
Keith, Buddhist Philosophy
Stcherbatsky, The Central Conception of Buddhism
Stcherbatsky, The Conception of Buddhist Nirvana
Rockhill, Life of Buddha
Anesaki, Docetism (Buddhist) E. R. E.
McGovern, A Manuel of Buddhist Philosophy

七　紀事詩哲學

Hopkins, The Great Epic of India
Vaidya, Epic India
Telang, Bhagavadgita, etc. S. B. E.
Buhler, The Laws of Manu, S. B. E.
Bhandarkar, Vaisnavism, Saivism etc.

八　數論

金七十論（支那內學院刊行本）
Garbe, Samkhya Philosophie
Garbe, Samkhya und Yoga
Keith, Ṣamkhya-System

九　瑜伽論

Woods, Yoga Ṣystem of Patanjali, H. O. S.
Dasgupta, Yoga as Philosophy and Religion

十　勝論

勝宗十句義論（常州本）
Faddegon, The Veisesika System
Keith, Indian Logic and Atomism
Ui, The Vaisesika System

十一　正理論與因明

Stcherbatsky, Indian Logic, 2 VoLs
Vidyabhusan, History of Indian Logic
Keith, Indian Logic and Atomism

十二　前彌曼差論

Keith, Karma Mimamsa

Shastri, Introduction to Purva-Mimasa

十三　吠檀多論

Deussen, The System of Vedanta (Eng. Tr.)

Max Muller, Vedanta Philosophy

Jacobi, Hindu Pantheism

Walleser, Der altere

中華民國三十四年十二月初版
中華民國三十五年十一月再版

印度哲學史略

△全一册定價國幣四元四角正▽

著者 湯用彤
發行者 獨立出版社
代表人 盧逮曾
印刷者 獨立出版社
經售處 獨立出版社各地分社 全國各大書局
清校者 姚廷芬

图书在版编目(CIP)数据

印度哲学史略/汤用彤著. —北京: 中央编译出版社, 2021.10

ISBN 978-7-5117-3965-0

Ⅰ.①印… Ⅱ.①汤… Ⅲ.①哲学史-印度 Ⅳ.①B351

中国版本图书馆 CIP 数据核字(2021)第 015197 号

印度哲学史略

责任编辑	纪宛伯 李媛媛
责任印制	刘 慧
出版发行	中央编译出版社
地 址	北京西城区车公庄大街乙 5 号鸿儒大厦 B 座(100044)
电 话	(010) 52612345 (总编室) (010) 52612335 (编辑室) (010) 52612316 (发行) (010) 52612369 (网站)
传 真	(010) 66515838
经 销	全国新华书店
印 刷	北京文昌阁彩色印刷有限责任公司
开 本	710 毫米×1000 毫米 1/16
字 数	162 千字
印 张	12.5
版 次	2021 年 10 月第 1 版
印 次	2021 年 10 月第 1 次印刷
定 价	58.00 元

新浪微博: @中央编译出版社 微 信: 中央编译出版社 (ID: cctphome)
淘宝店铺: 中央编译出版社直销店 (http://shop108367160.taobao.com) (010)52612322

本社常年法律顾问: 北京市吴栾赵阎律师事务所律师 闫军 梁勤
凡有印装质量问题, 本社负责调换。电话: (010) 52612322